Jens Rupp

Meine ersten Klavierstücke

artist ahead

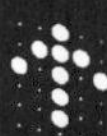

Download der Hörbeispiele

Rufen Sie die Seite **www.artist-ahead-download.de** in ihrem Browser auf. Klicken Sie auf den entsprechenden Downloadbutton **„Meine ersten Klavierstücke“** und geben Sie dort die folgenden Zugangsdaten ein.

Benutzer: Klavierlied
Passwort: erste

Hier haben Sie jetzt verschiedene Optionen sich die Hörbeispiele herunterzuladen, zu speichern oder auf CD zu brennen. Mit Hilfe der entsprechenden **QR-Codes** gelangen Sie einfach und unkompliziert direkt zu den jeweiligen Hörbeispielen. Geben Sie auch hier zunächst **Benutzer** und **Passwort** ein.
Eine **Audio-CD** mit allen Titeln zu diesem Buch gibt es ausschließlich und nur in unserem Onlineshop auf **www.artist-ahead.de**

5. Auflage 04/2025

ISBN 978 3 86642 115 8

Umschlagentwurf: Ron Marsman
Notensatz: Jens Rupp, Hans-Jörg Fischer
Layout: Regina Fischer-Kleist

Hergestellt in der EU

artist ahead GmbH · Germany · info@artist-ahead.de · www.artist-ahead.de

Inhaltsverzeichnis

Die Songs

Tempoangaben

Andante	ruhig, gehend (Viertelnoten ca. 76-108)
Moderato	gemäßigt (Viertelnoten ca. 92-110)
Allegretto	etwas langsamer als Allegro (Viertelnoten ca. 104-120)
Allegro	heiter, munter, bewegt (Viertelnoten ca. 120-168)
Presto	schnell, im schnellsten Tempo (Viertelnoten ca. 168-200)

Vorwort

„Meine ersten Klavierstücke" ist eine sinnvolle Ergänzung zu meinen Klavierkonzepten ***„Meine erste Klavierschule"*** sowie ***„Meine zweite Klavierschule"*** und für das erste und zweite Unterrichtsjahr gedacht. Die bereits erlernten Fähigkeiten werden durch die enthaltenen Spielstücke unterstützt und vertieft. Meine Eigenkompositionen aus den verschiedenen Bereichen Romantik, keltische Musik, Filmmusik und Boogie Woogie sorgen für Abwechslung und Spielfreude. Die klassischen Stücke gegen Ende des Buches stellen zwar eine kleine Herausforderung dar, diese wird jedoch bei einem Stück wie „Die Moldau" nach dem ersten Unterrichtsjahr gerne angenommen.

Viel Spaß beim Spielen!

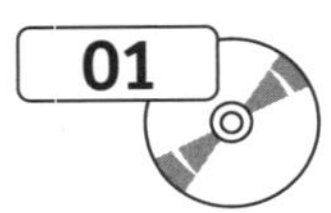

Die Katze

Dieses Stück ist in der C-Dur Grundposition geschrieben. Die linke Hand spielt die Akkorde C-Dur, F-Dur und G7.

Jens Rupp

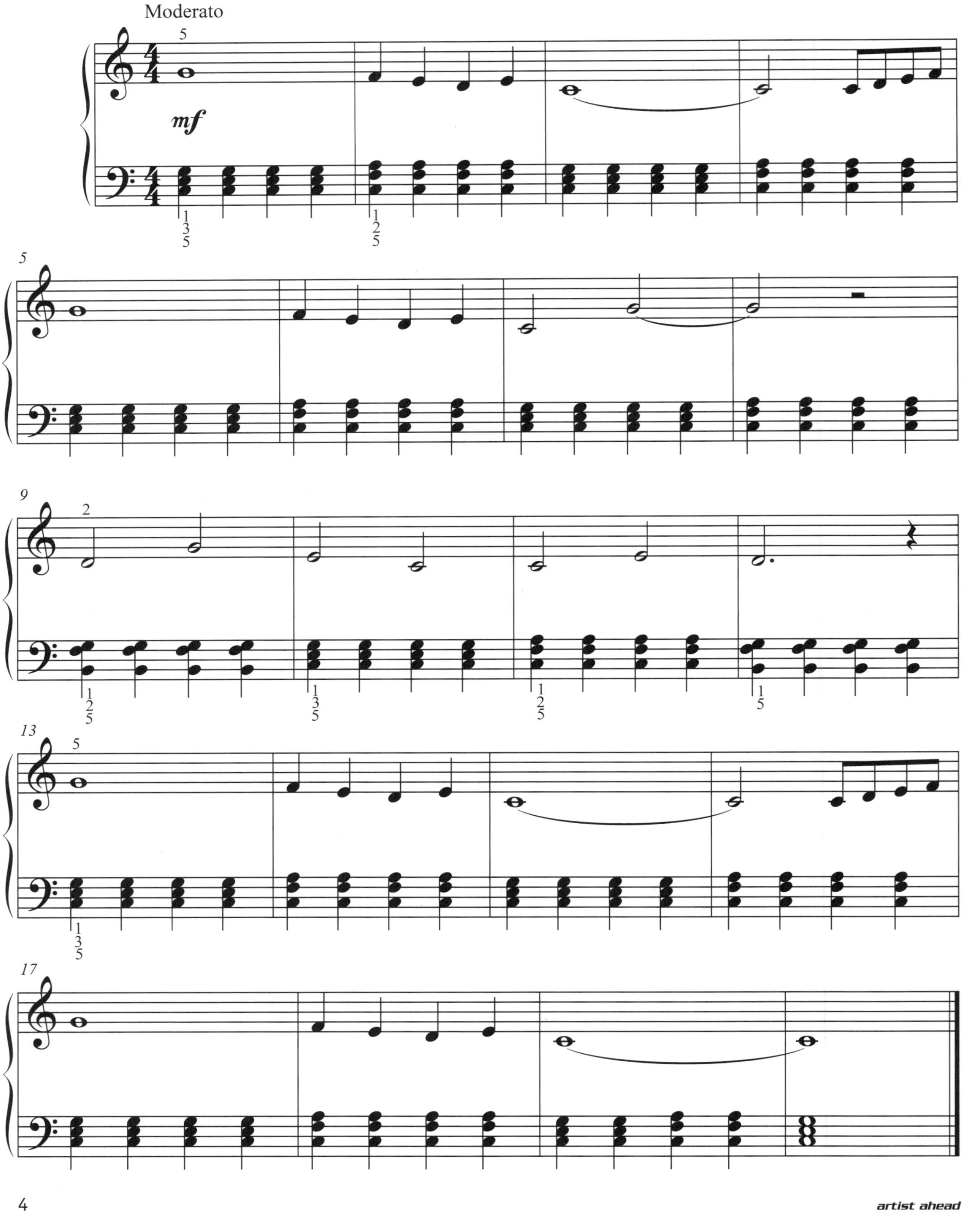

Moderato

5

mf

1
3
5

1
2
5

5

9

2

1
2
5

1
3
5

1
2
5

1
5

13

5

1
3
5

17

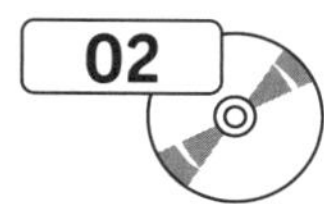

Schlaf, Kindlein schlaf

Dieses bekannte Lied wird ebenfalls in der C-Dur Grundposition gespielt.

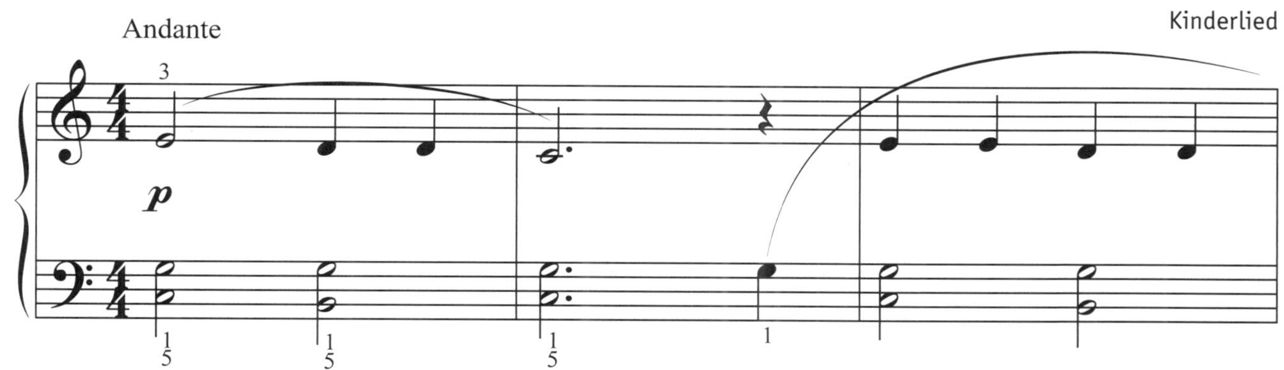

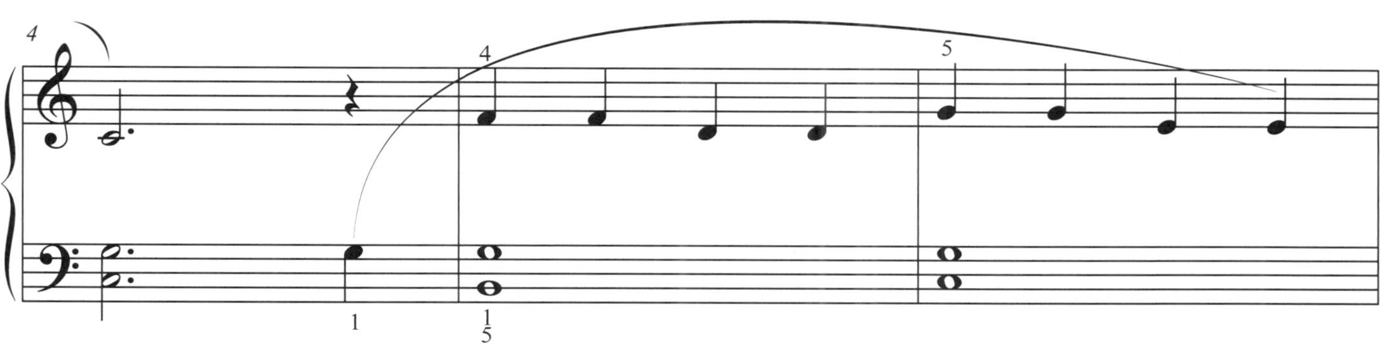

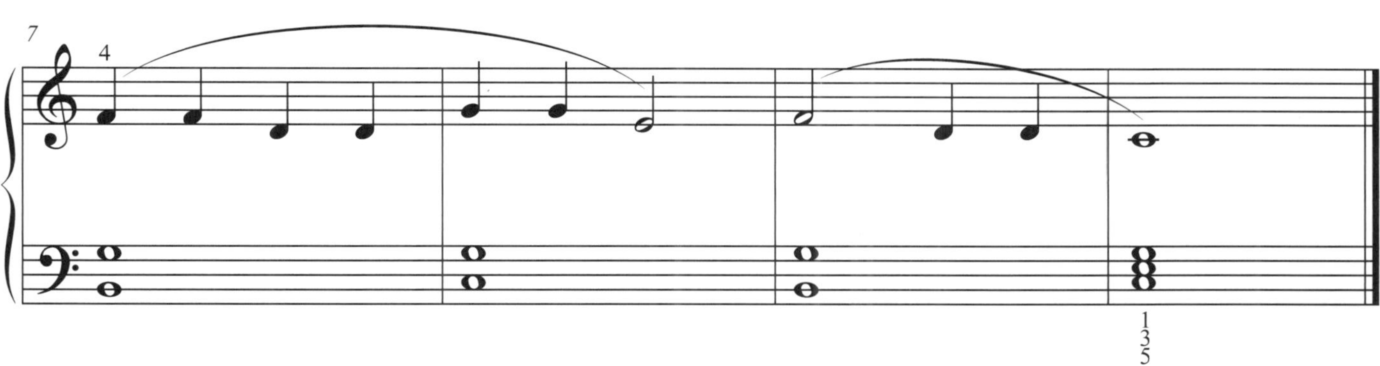

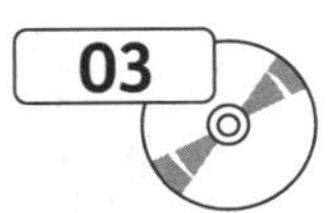

Fuchs du hast die Gans gestohlen

Die Melodie hat den Tonumfang einer Oktave, von c' bis c''. Die linke Hand spielt wieder die Akkorde C-Dur, F-Dur und G7. Das Unter- und Übersetzen ist im Fingersatz mit einem Kreis gekennzeichnet.

Volkslied

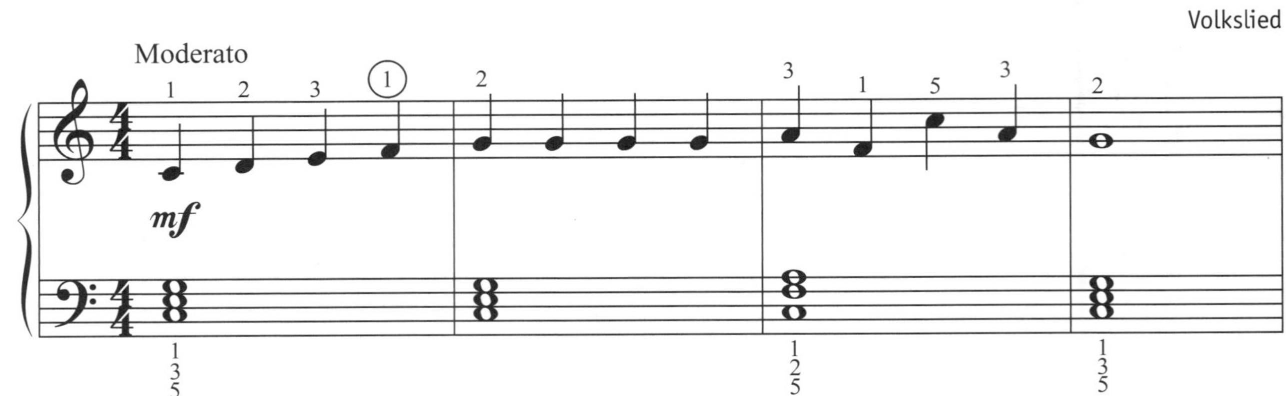

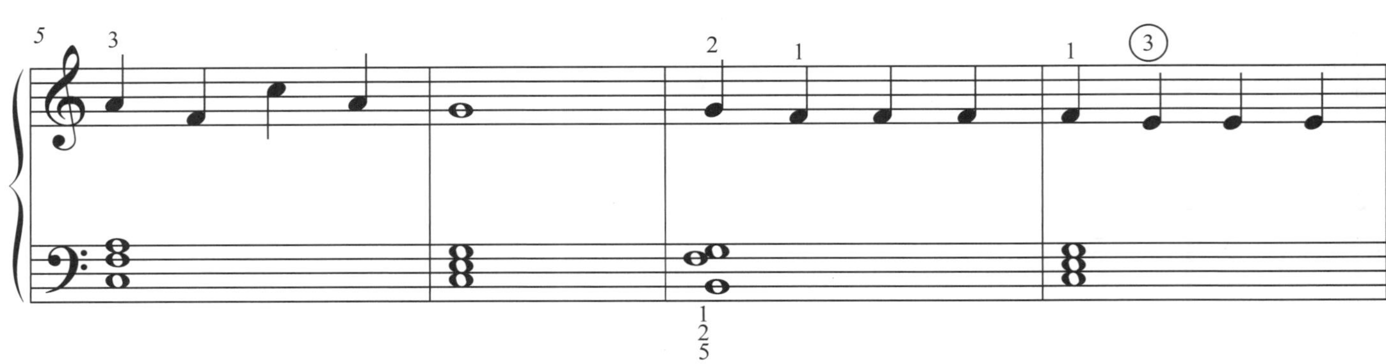

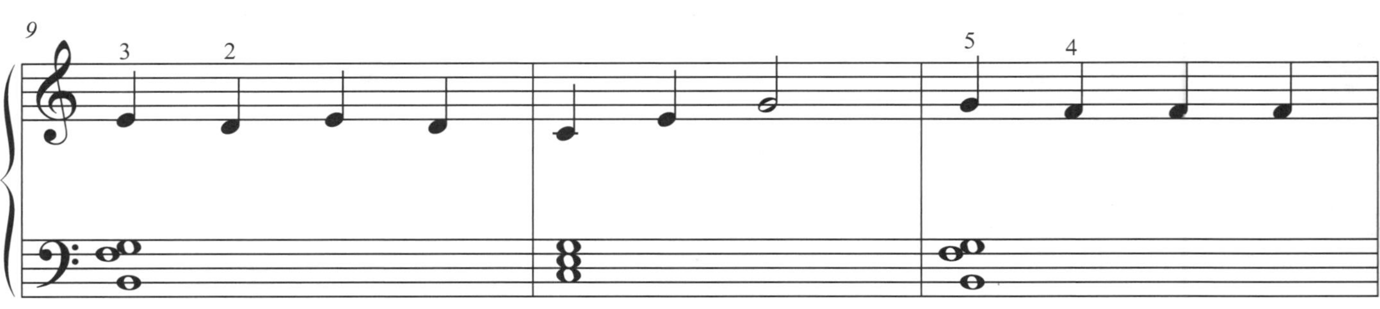

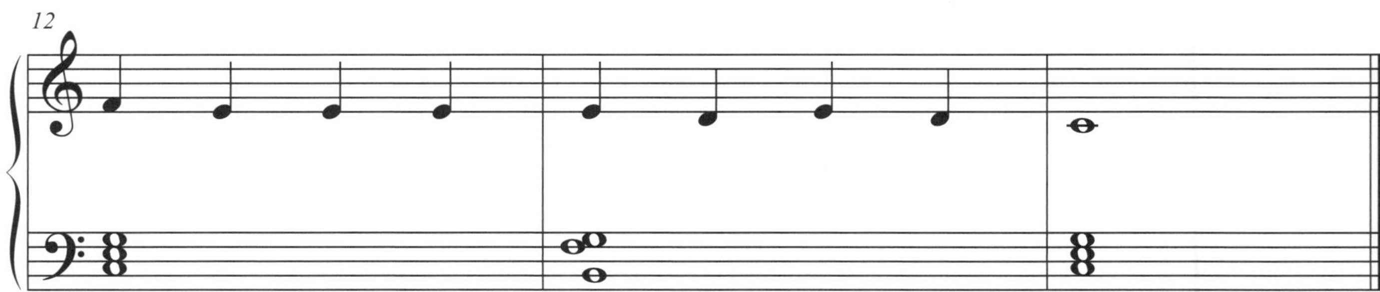

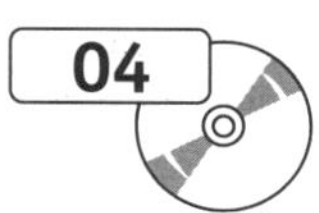

Can Can

Achte darauf die Viertelnoten der abwärts gespielten C-Dur Tonleiter in den Takten 7 und 8, trotz des Akkordwechsels, gleichmäßig zu spielen. Der Fingerwechsel ist im Fingersatz mit einem Quadrat gekennzeichnet.

Jaques Offenbach

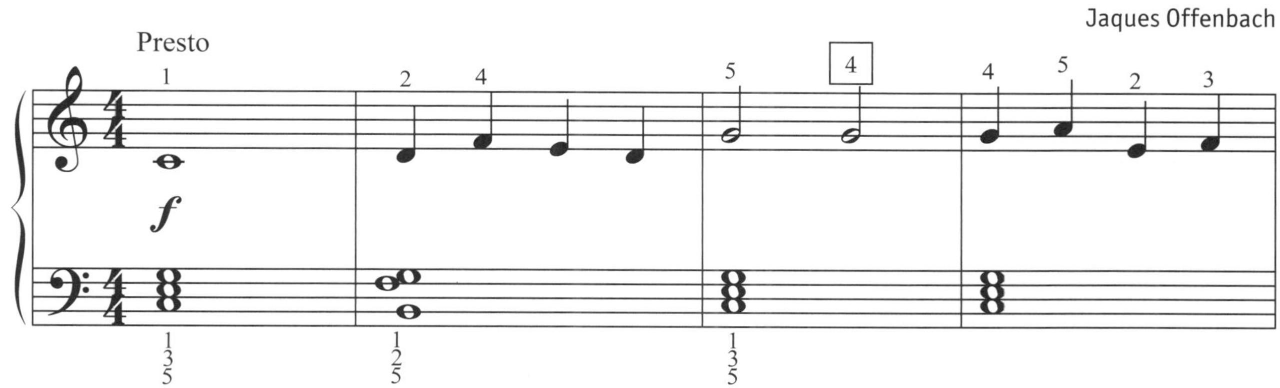

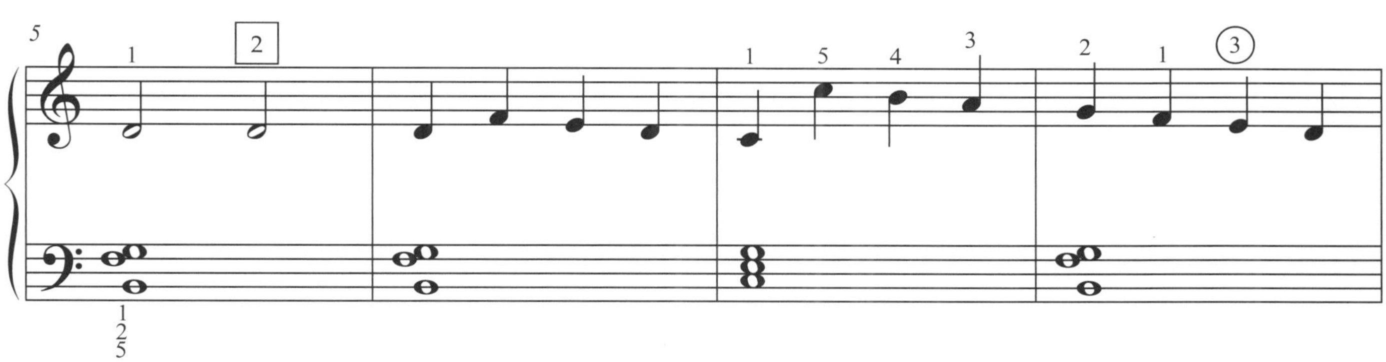

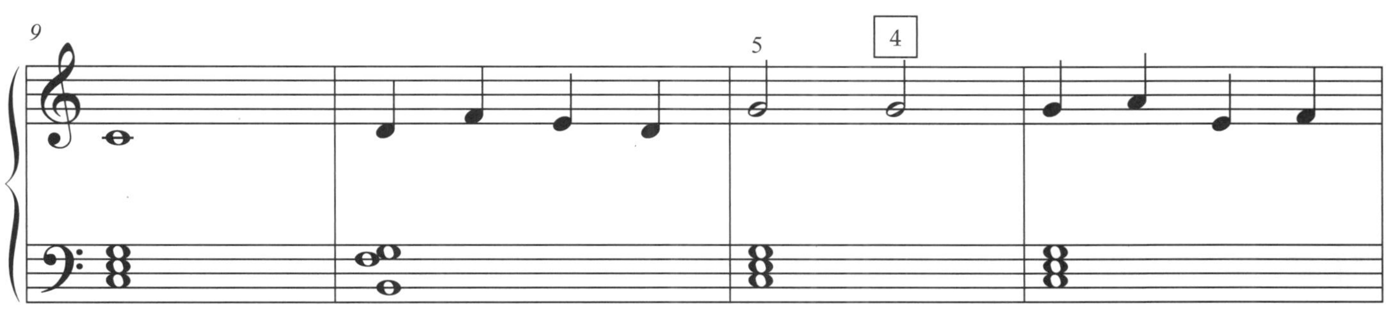

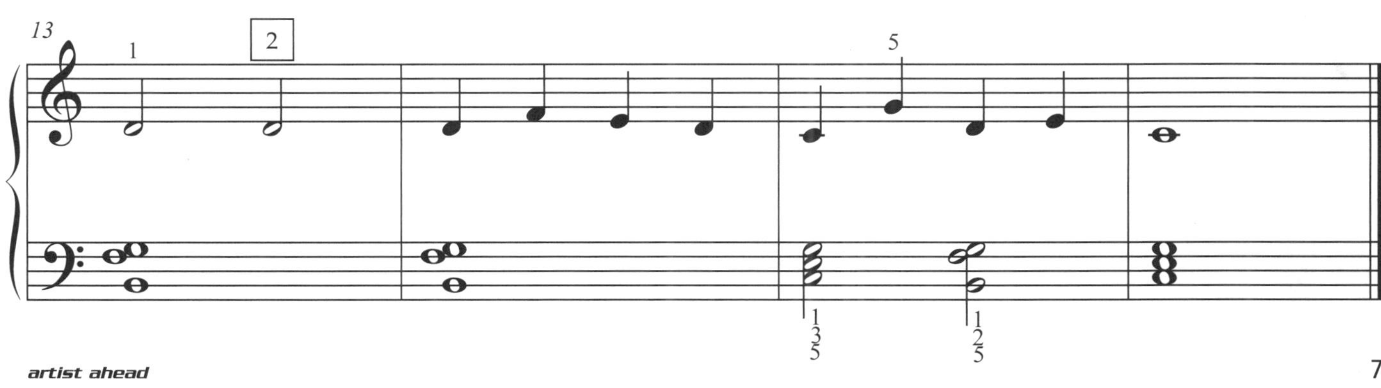

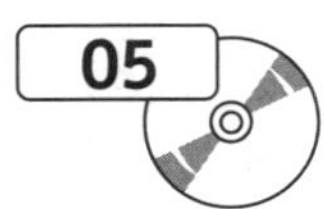

Schneeglöckchen

Nun werden die Töne der Akkorde C-Dur und G7 als Viertelnoten-Arpeggien gespielt.

Jens Rupp

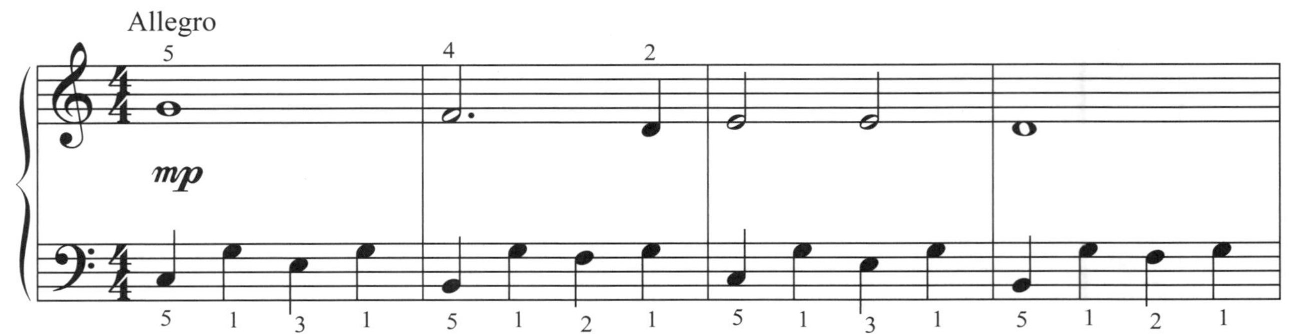

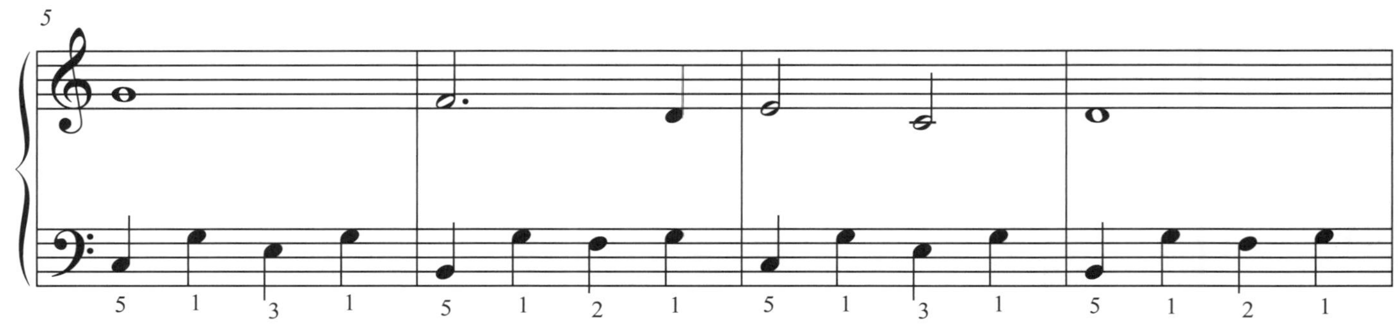

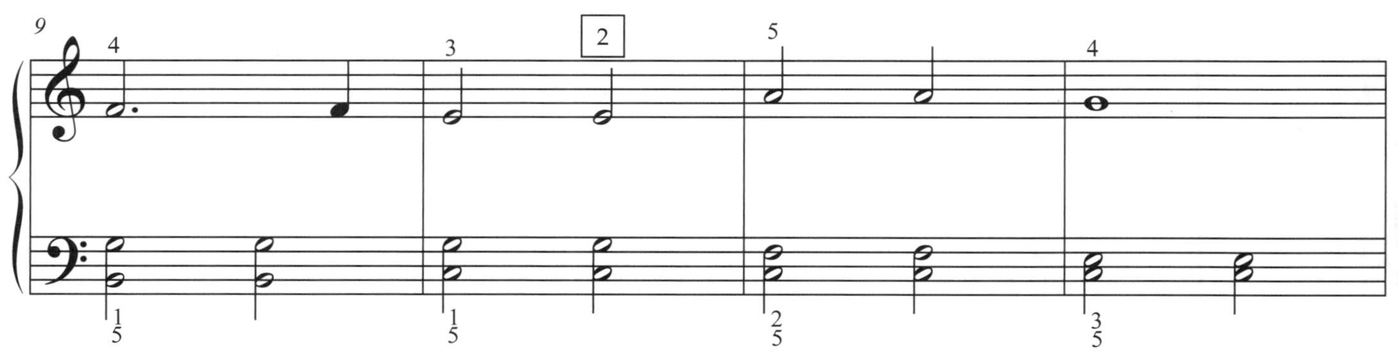

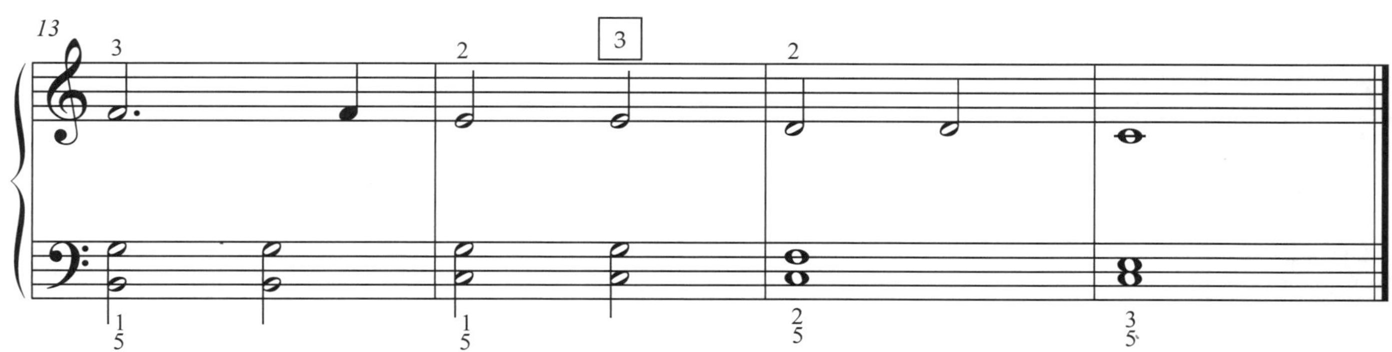

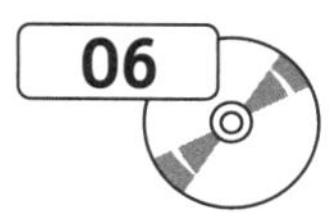

Summ, summ, summ...

Die Melodie wird wieder in der C-Dur Grundposition gespielt. Die linke Hand ist etwas schwerer zu spielen und sollte daher zunächst einzeln geübt werden.

Kinderlied

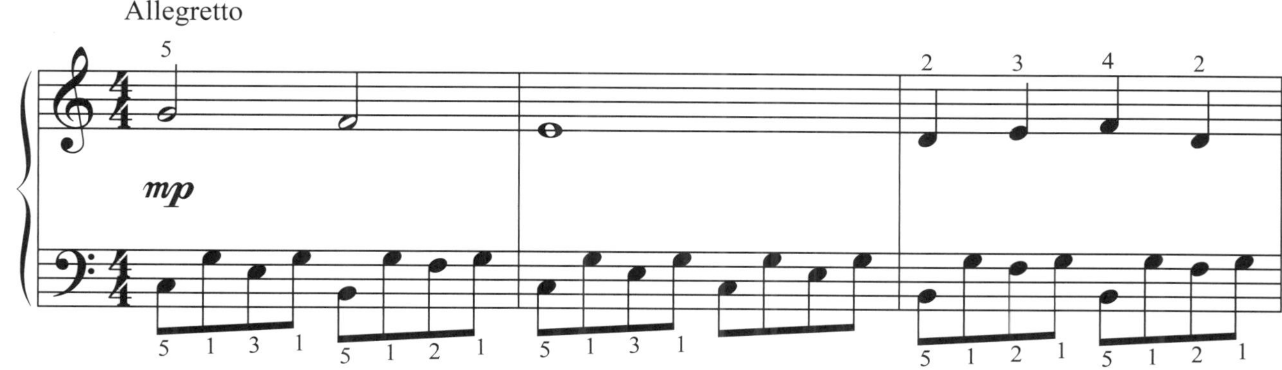

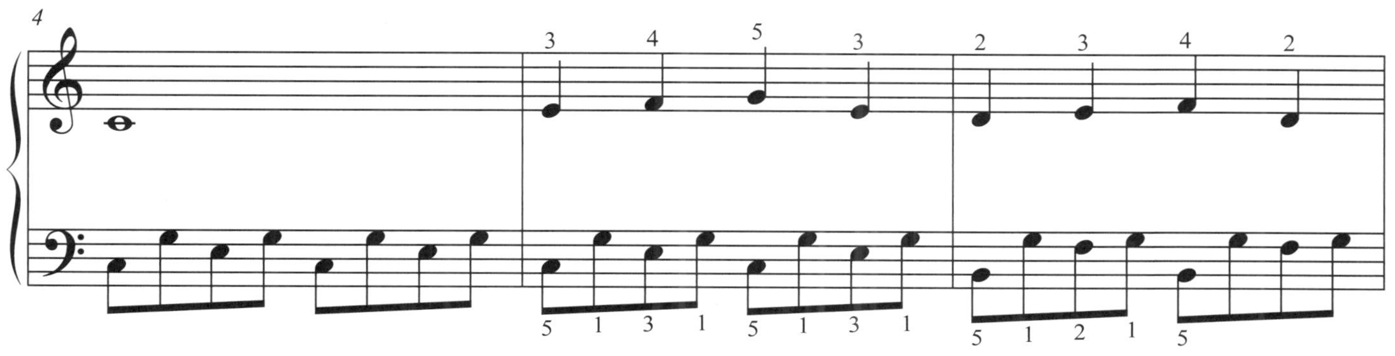

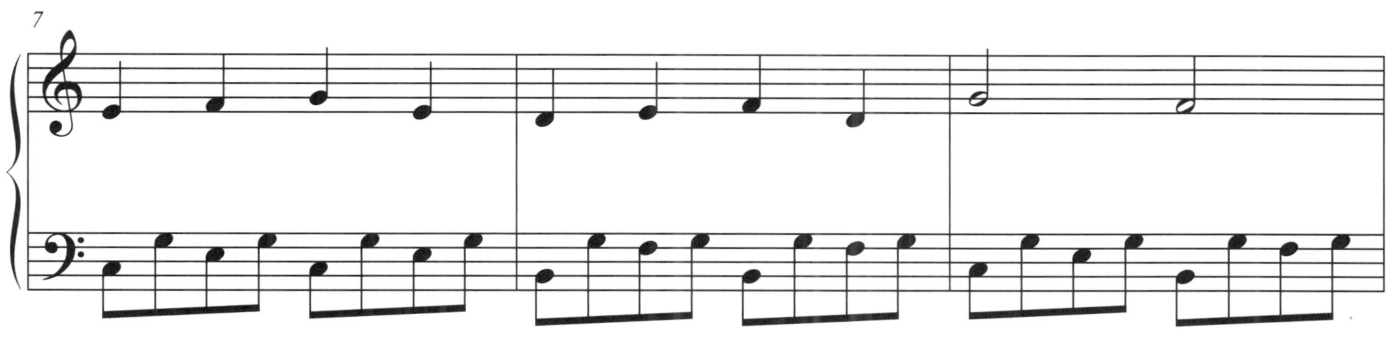

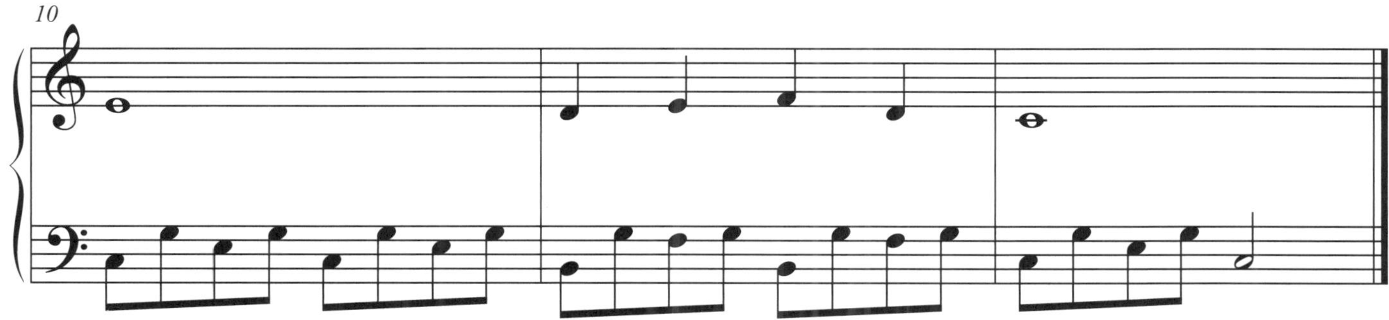

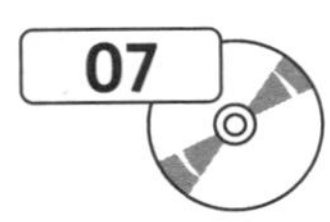

Wenn ich ein Vöglein wär

Dieses Volkslied ist im 3/4-Takt geschrieben. In der Melodie kommen auch punktierte Viertelnoten vor.

Volkslied

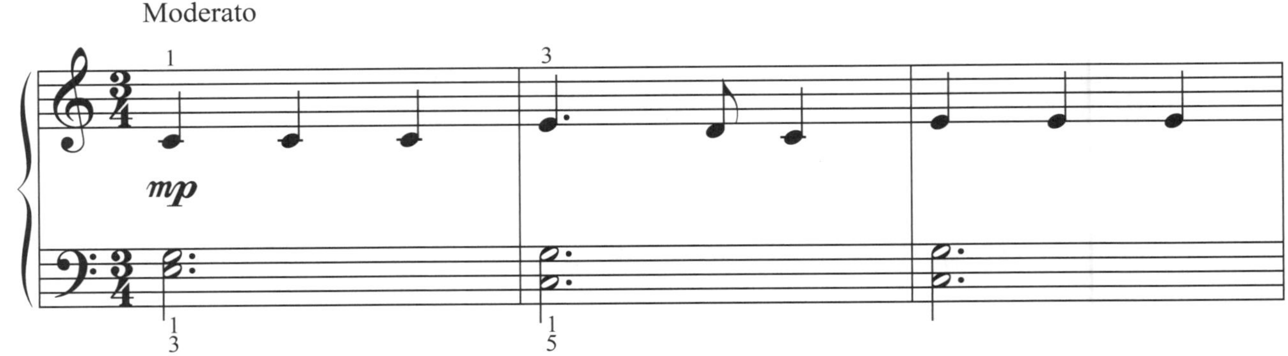

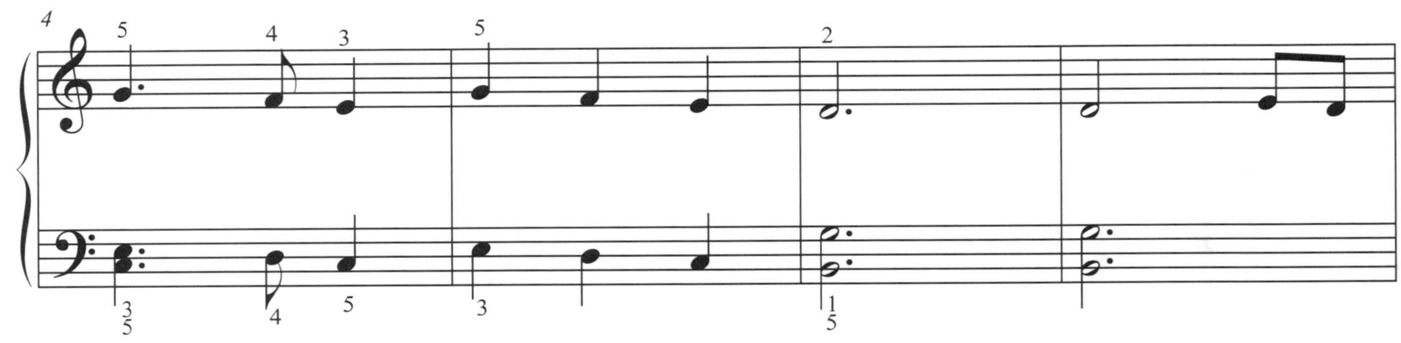

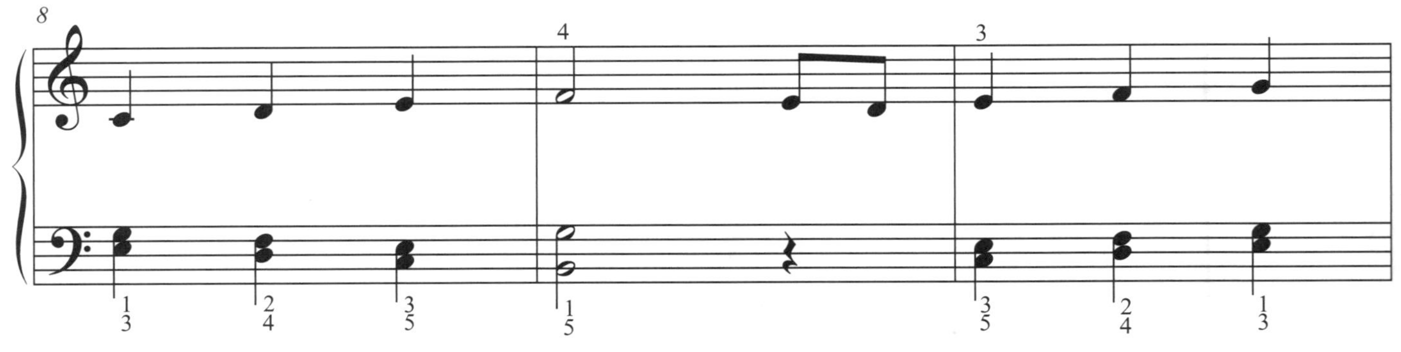

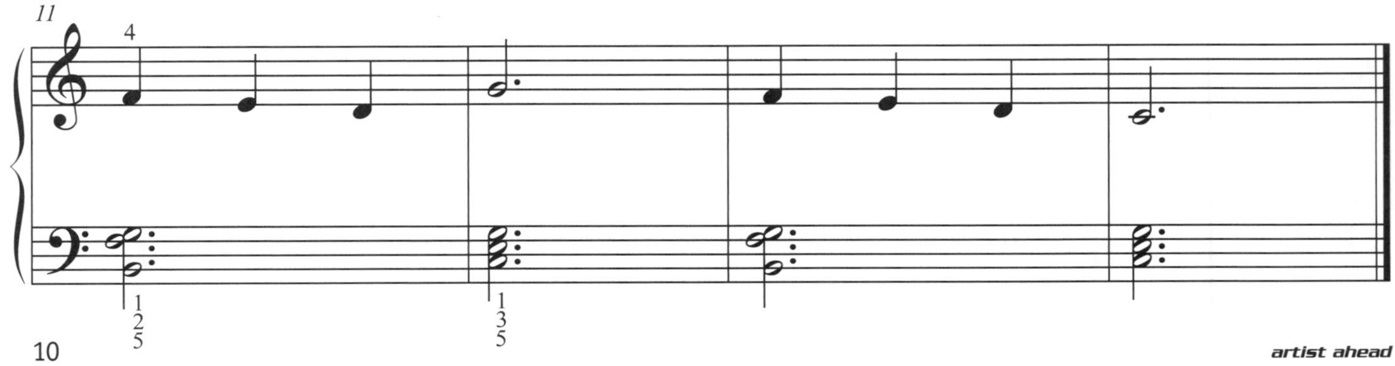

Der Frühling kommt

Dieses Stück ist im 6/8-Takt komponiert. Achte darauf, die Achtelnoten der linken Hand in einem gleichmäßigen Tempo zu spielen.

Jens Rupp

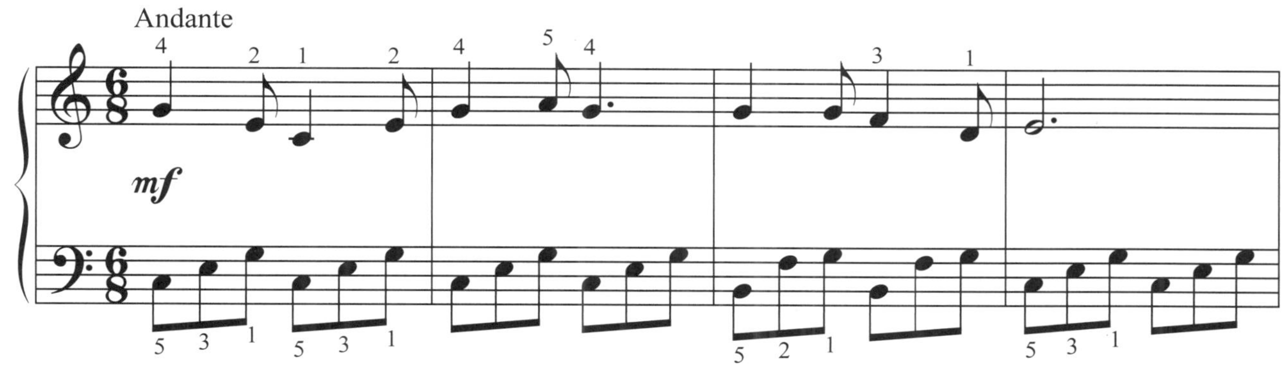

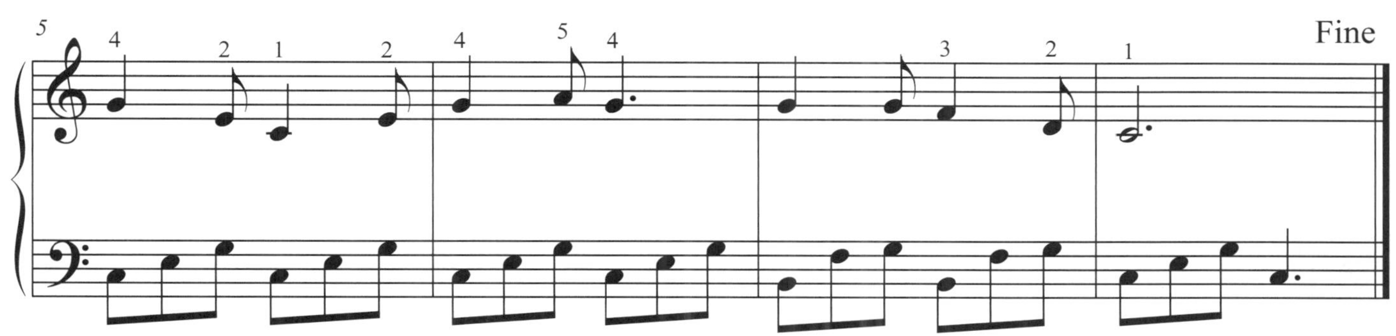

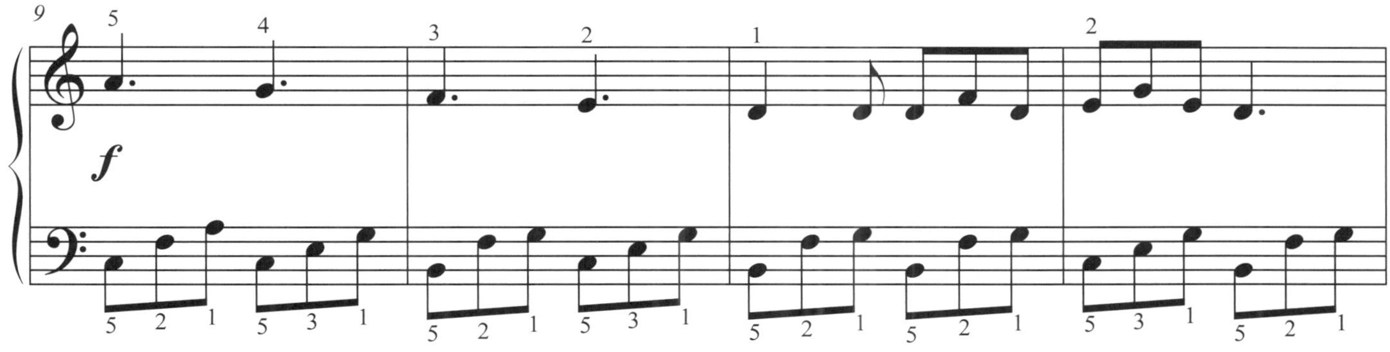

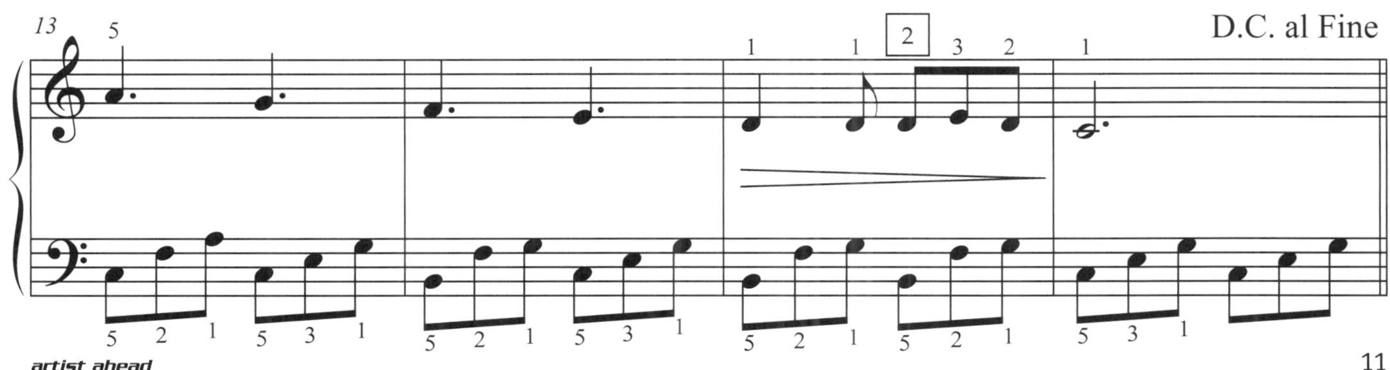

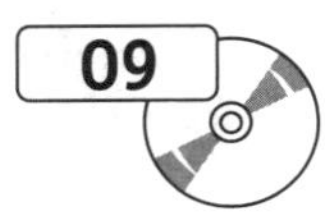

Hänsel und Gretel

Während die rechte Hand diese einfache Melodie in der C-Dur Grundposition spielt, ist die Begleitung der linken Hand im Stil des Boogie-Woogie.

Volkslied

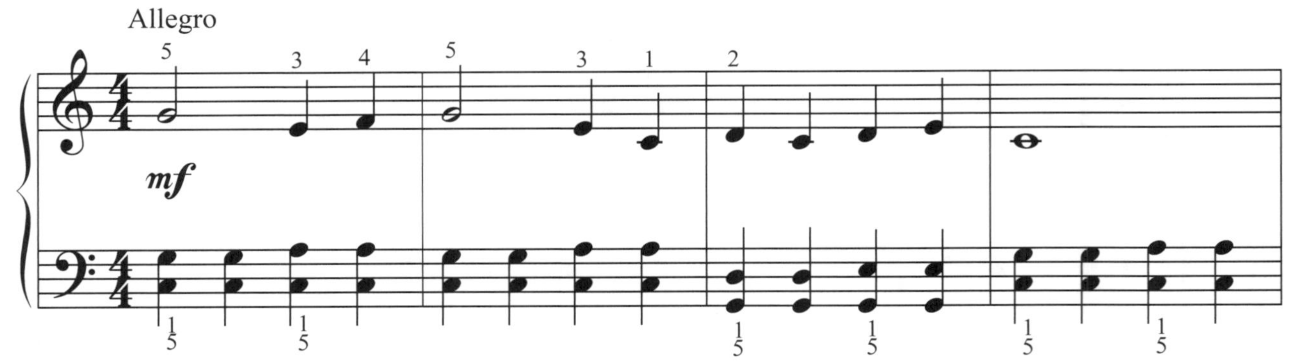

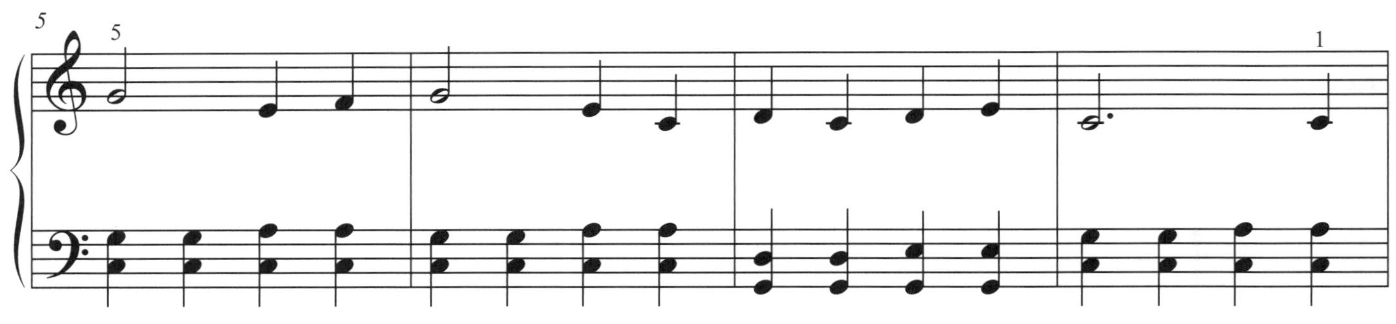

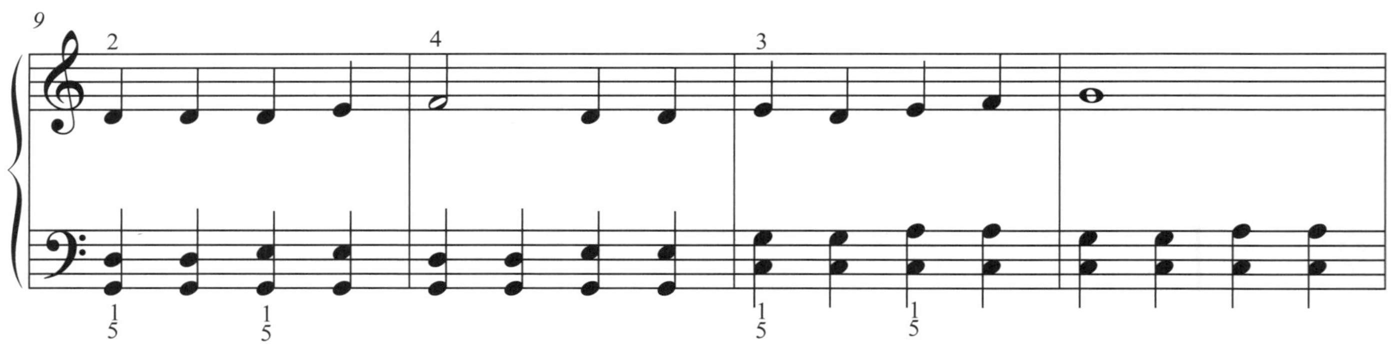

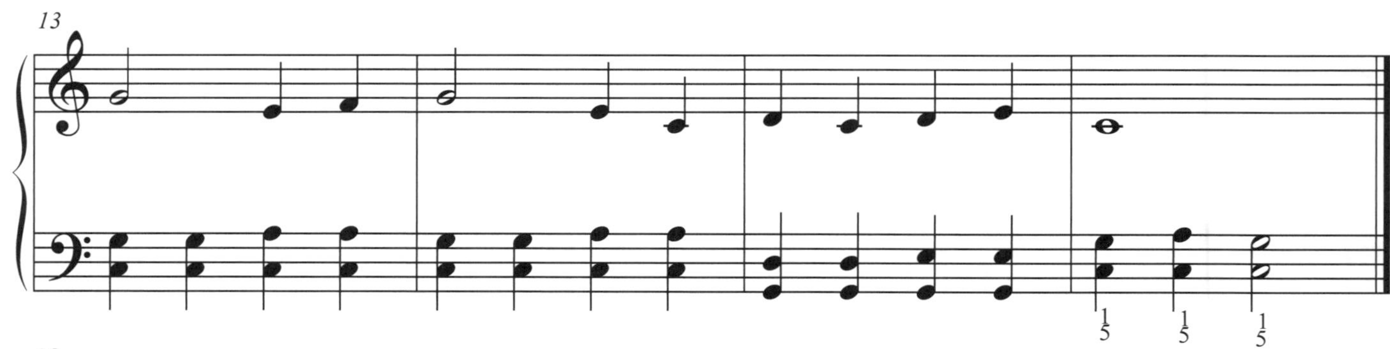

Happy Birthday

Dieses bekannte Geburtstagslied ist in F-Dur notiert, deshalb ist darauf zu achten, jeweils ein **b** anstelle eines **h** zu spielen.

Traditional

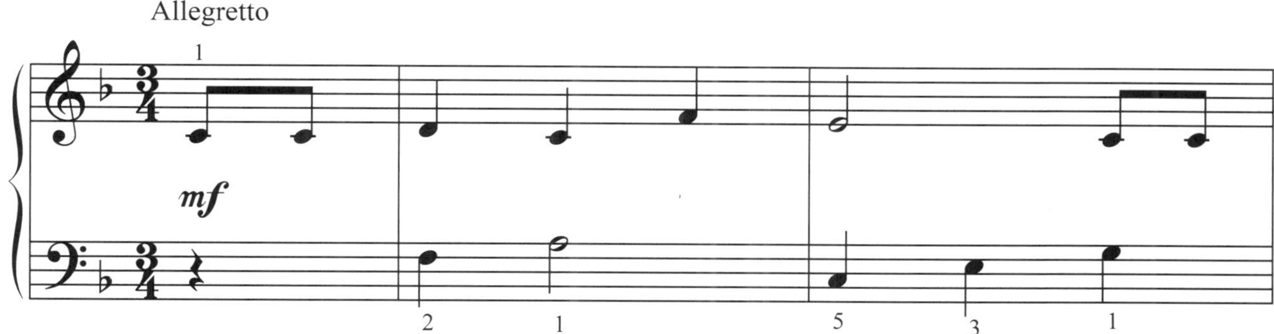

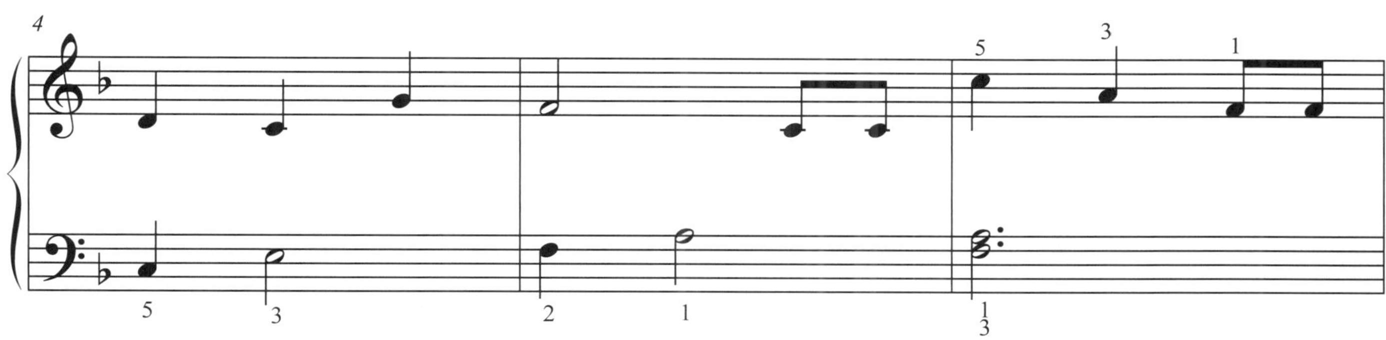

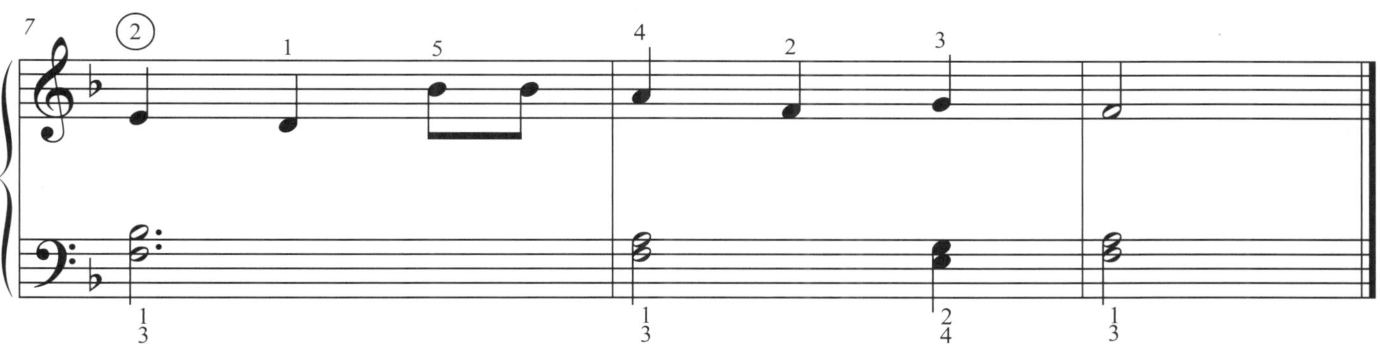

Trarira, der Sommer der ist da

Die rechte Hand spielt in der F-Dur Grundposition. Achte besonders auf die Staccato-Zeichen für die rechte Hand! Die linke Hand spielt die Akkorde F-Dur und C7.

Kinderlied

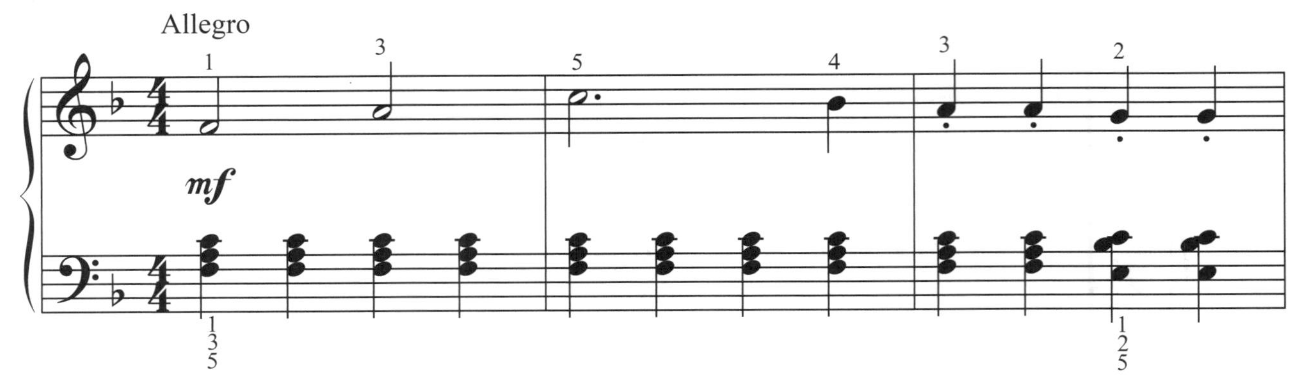

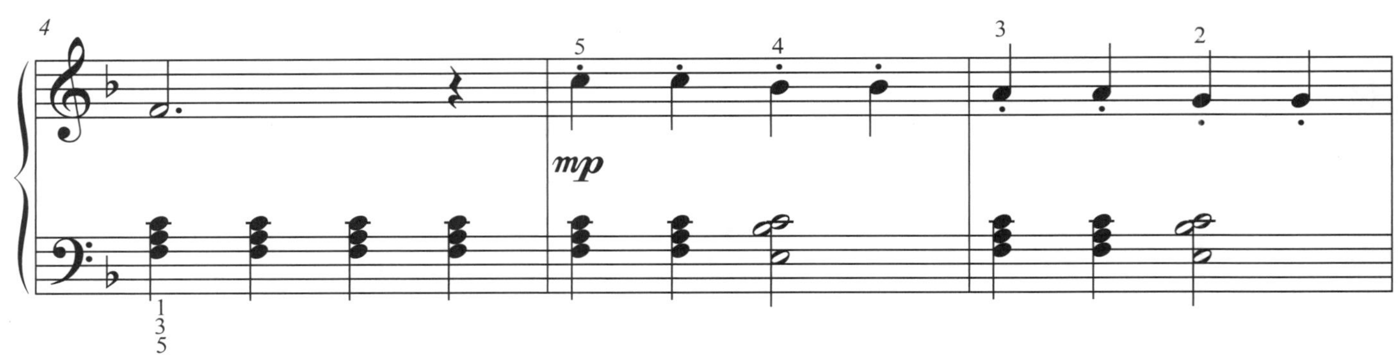

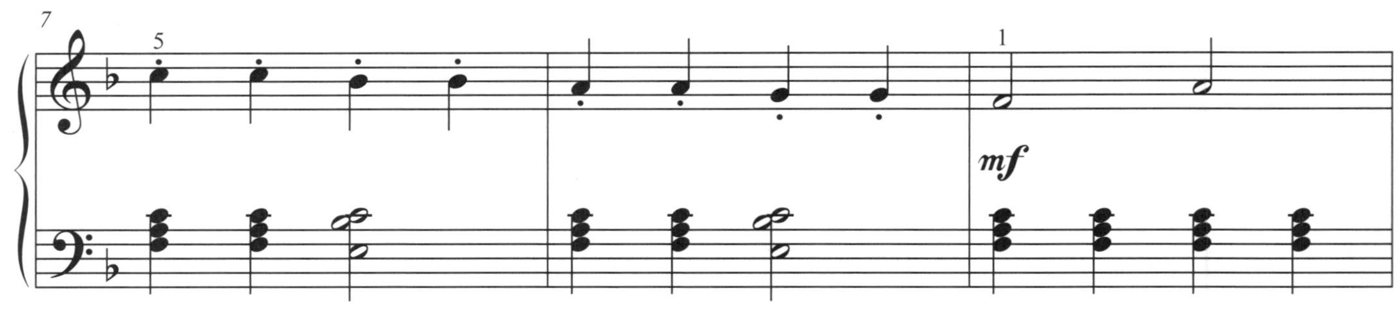

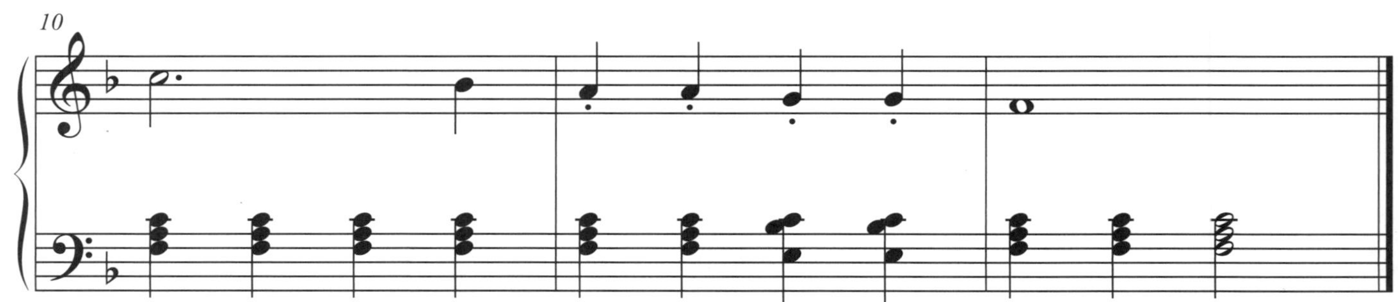

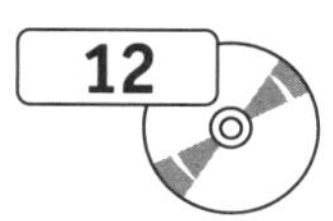

Te Deum

Die nächste Melodie ist ein Teil aus dem bekannten Stück ***Te Deum***, das auch als „Eurovisions-Melodie" bekannt ist.

Marc-Antoine Charpentier

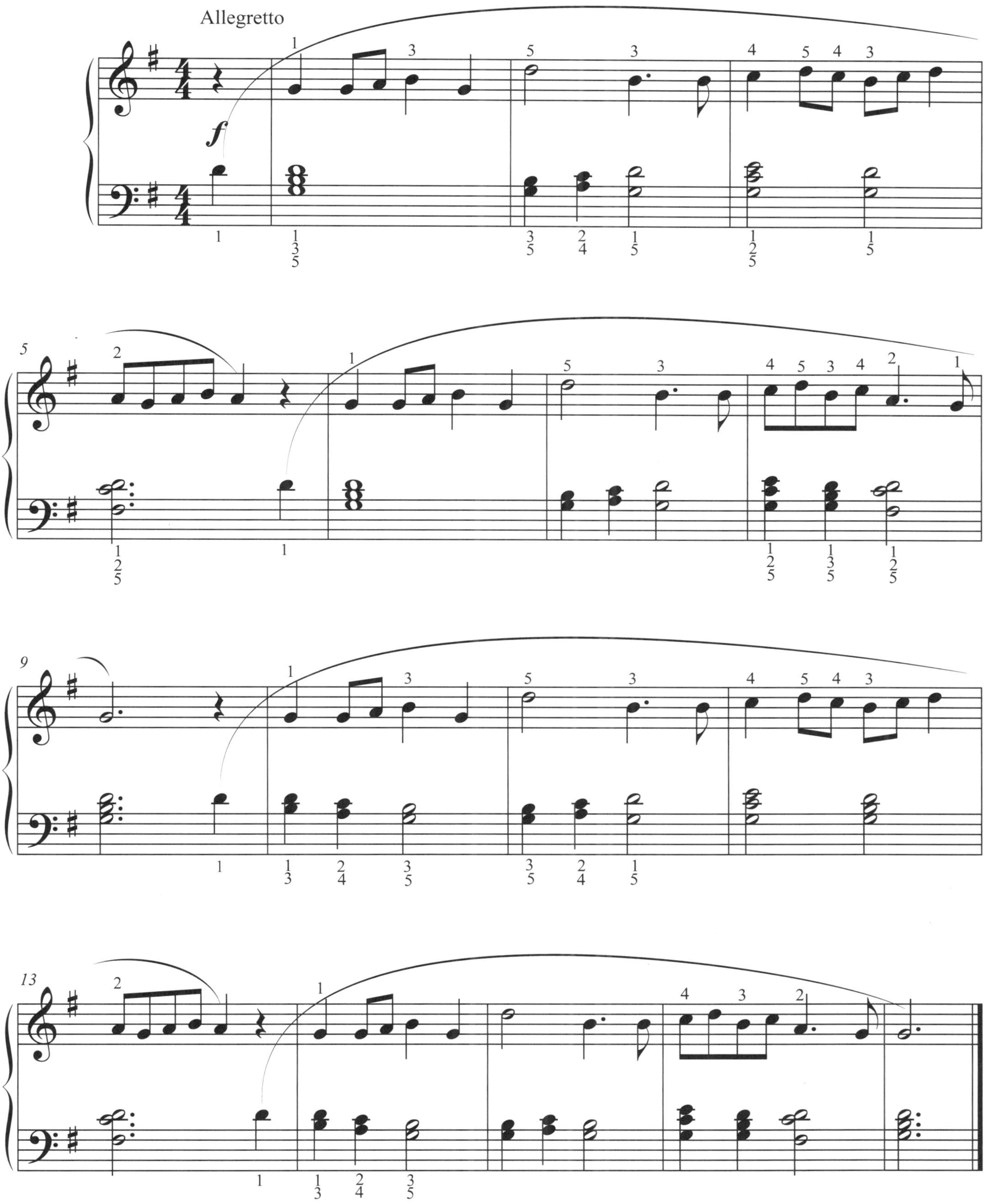

Allegretto

f

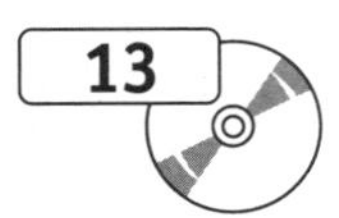

Der Troubadour

Dieses Stück wird in der Tonart A-Moll gespielt. Dabei bleibt die rechte Hand in der A-Moll Grundposition, während die linke Hand vom kleinen **a** nach **g** verschoben wird und in den Takten 7, 15 sowie 23 von **g** nach **f**.

Jens Rupp

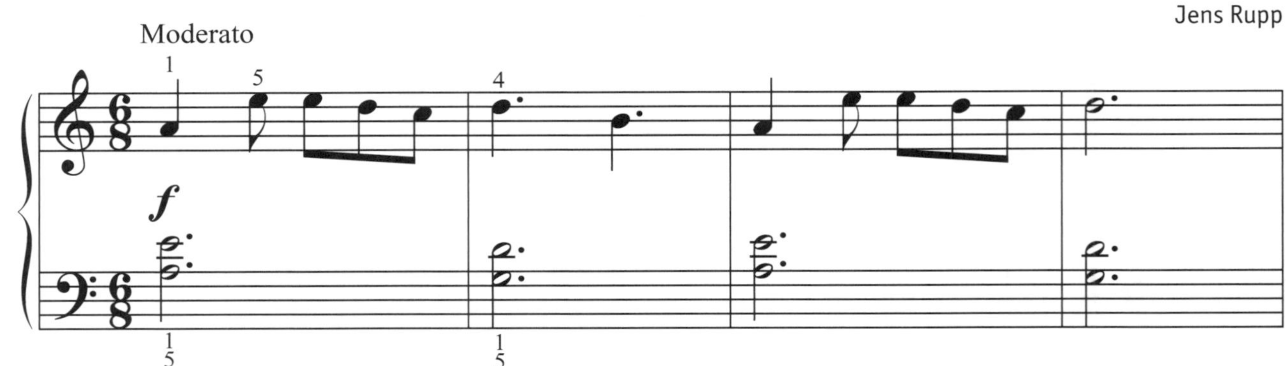

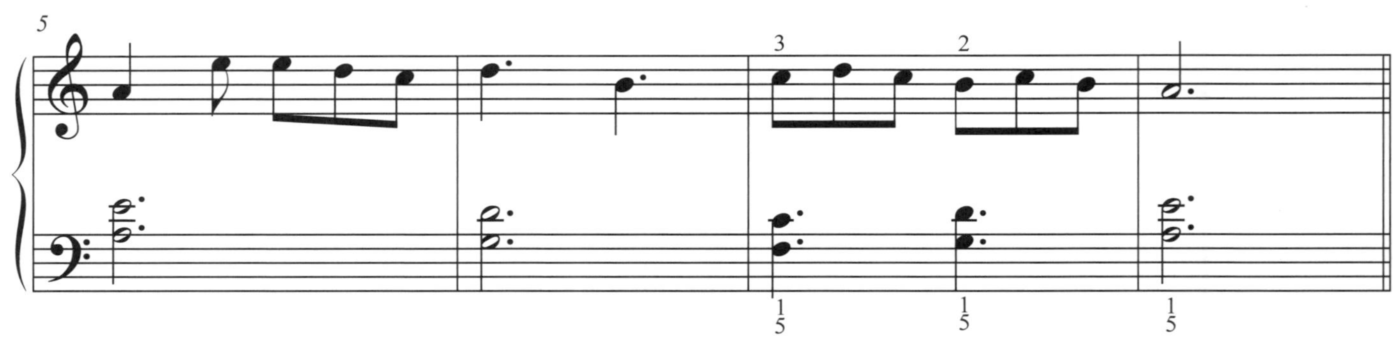

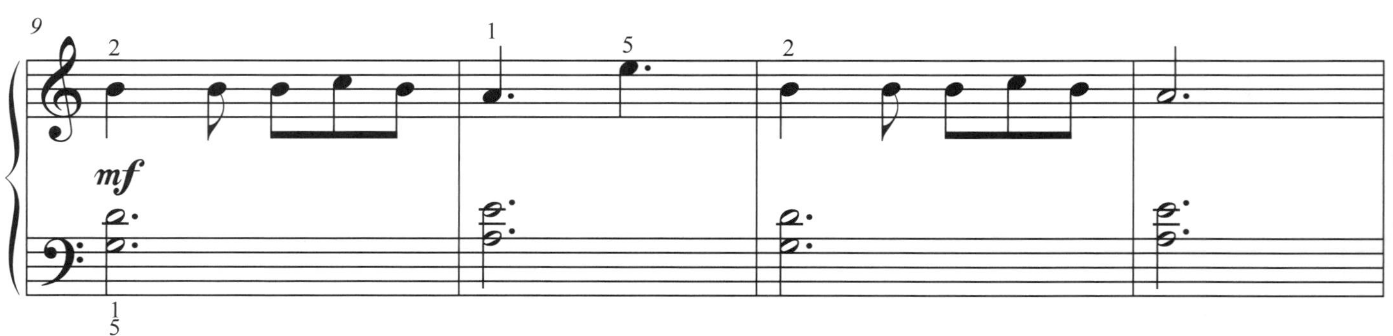

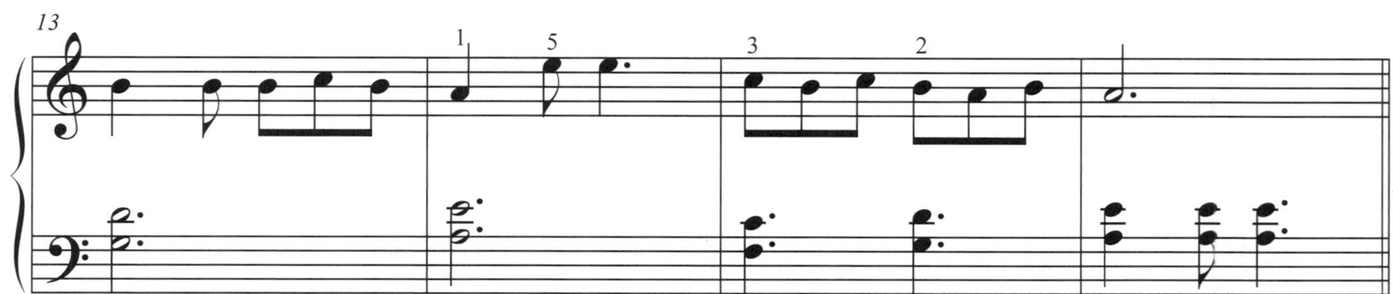

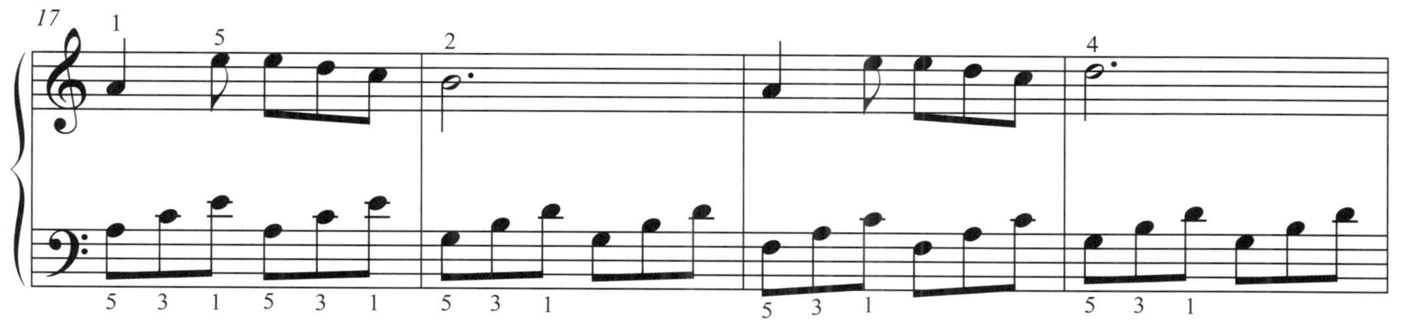
17

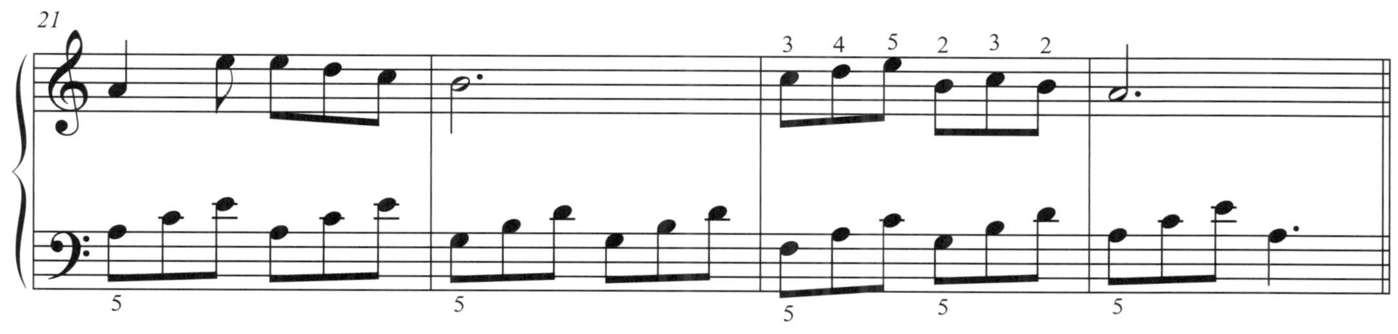
21

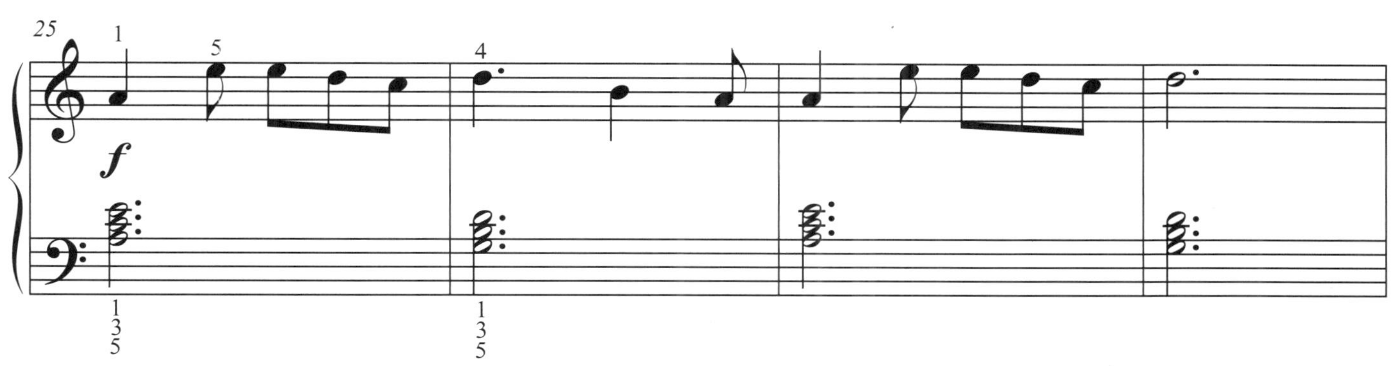
25
f

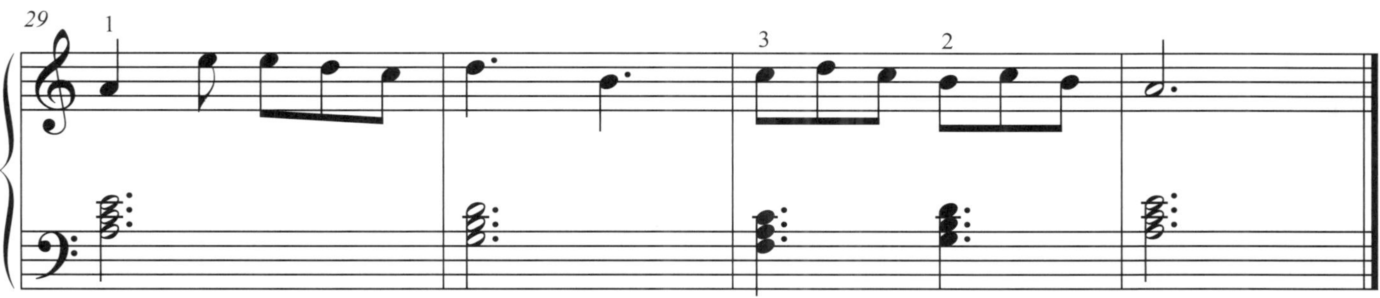
29

Die Möwe

Dieses Stück ist ebenfalls in A-Moll geschrieben. Die linke Hand spielt die Akkorde A-Moll, D-Moll und E7.

Jens Rupp

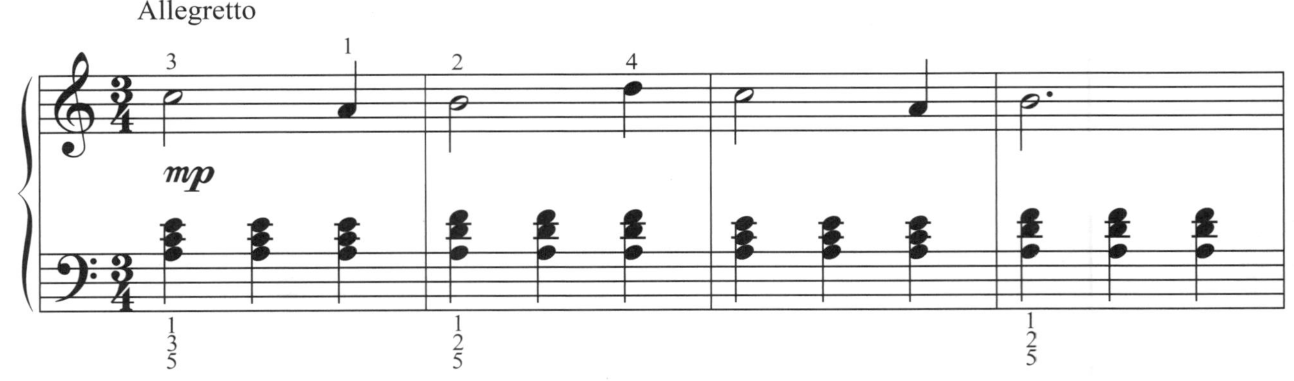

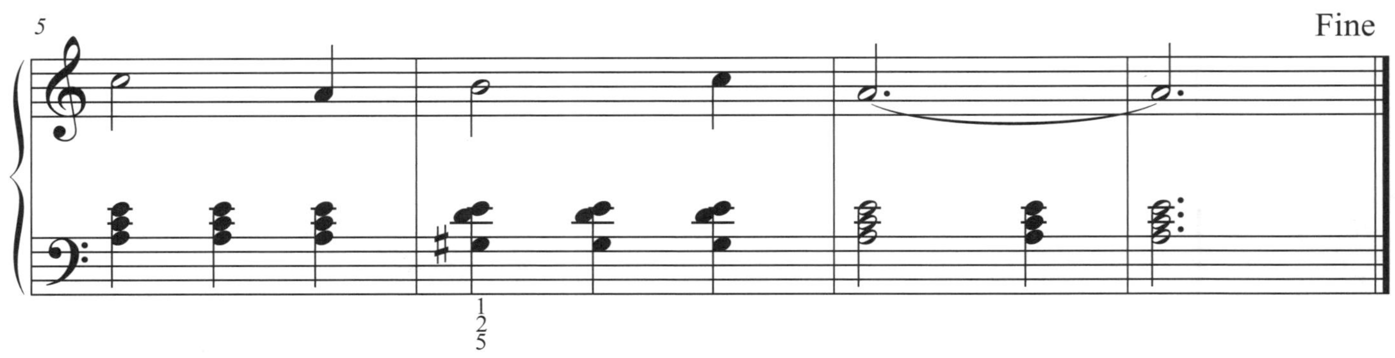

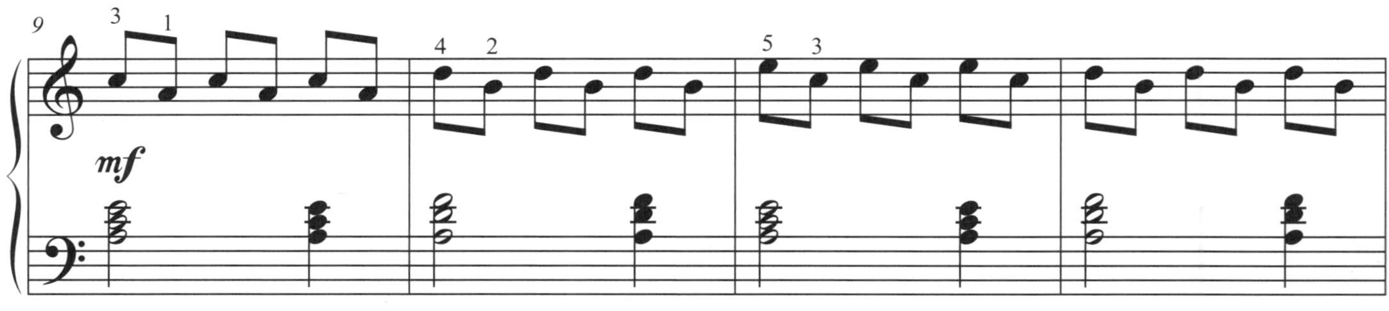

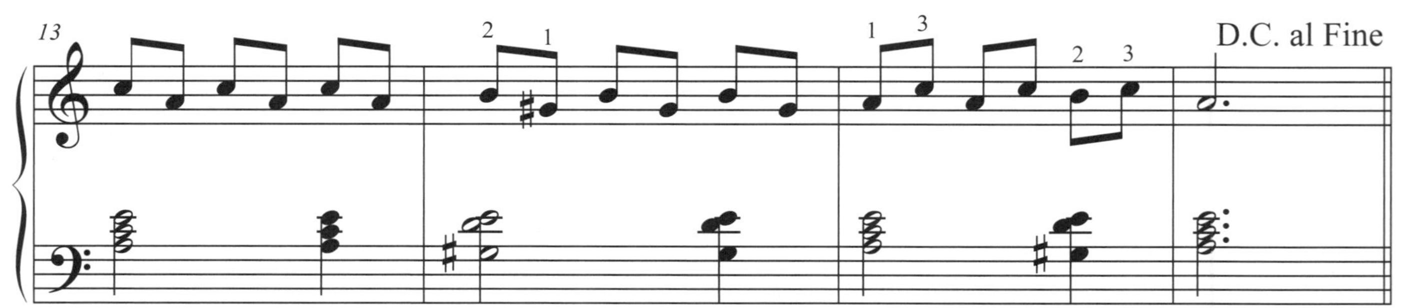

Der Tanz

Dieses Stück ist in der Tonart D-Moll komponiert. Achte auf den Ton b der in der linken Hand anstelle des h gespielt wird.

Jens Rupp

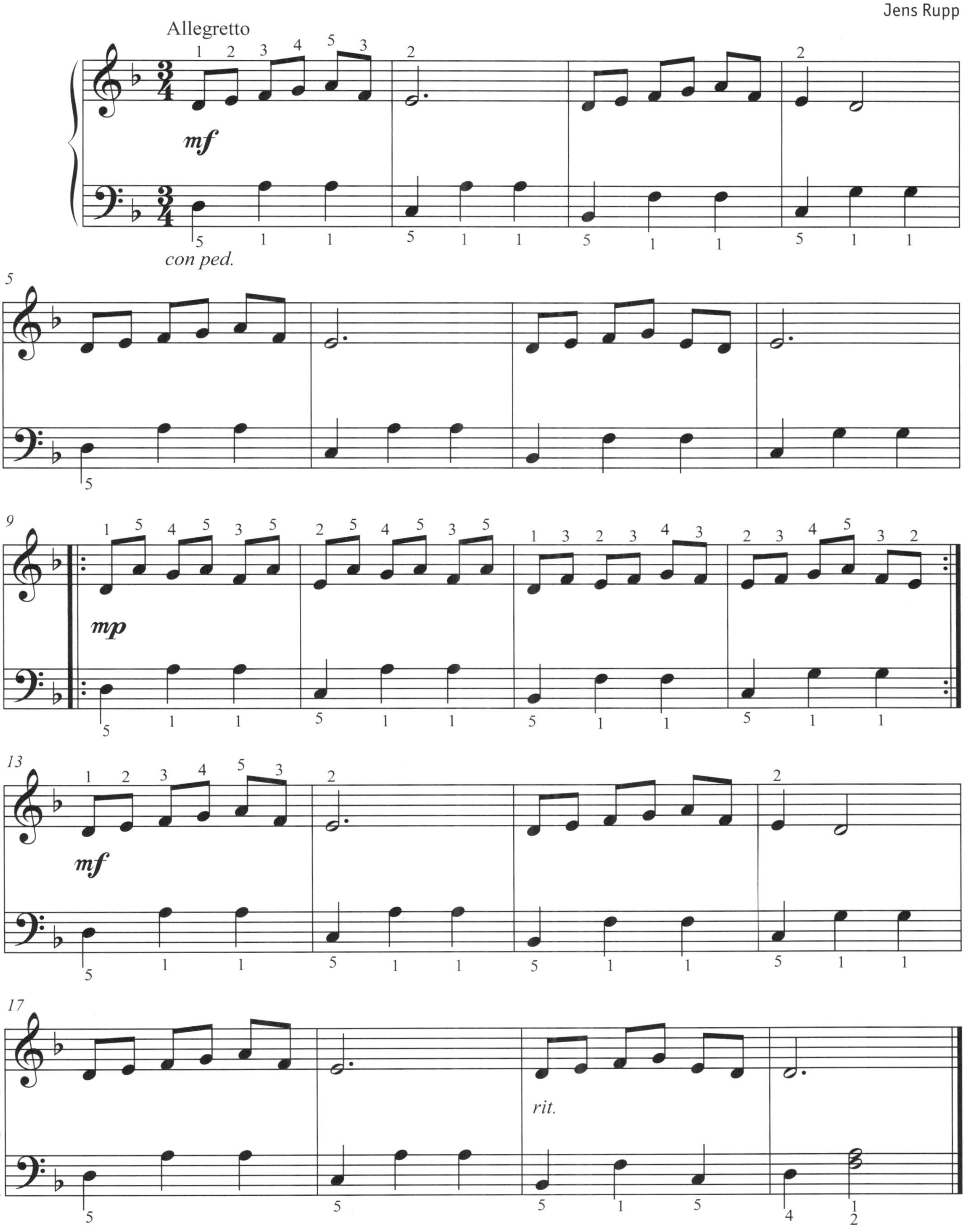

Allegretto

mf

con ped.

5

9

mp

13

mf

17

rit.

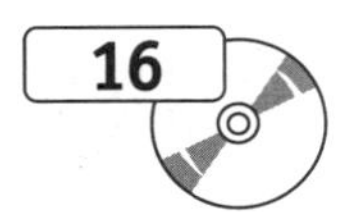

Lebensstrom

Jetzt spielt die linke Hand Arpeggien der Akkorde A-Moll, F-Dur, G-Dur, E-Moll und D-Moll.

Jens Rupp

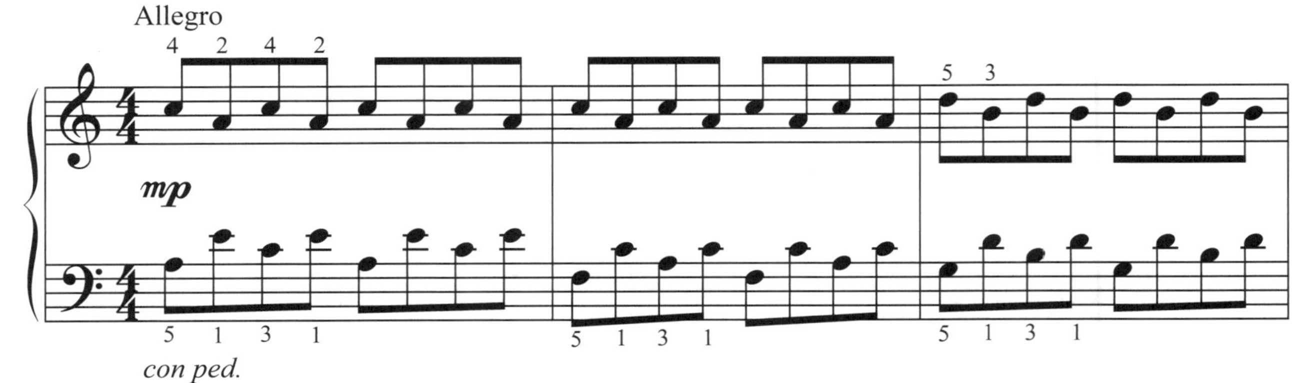

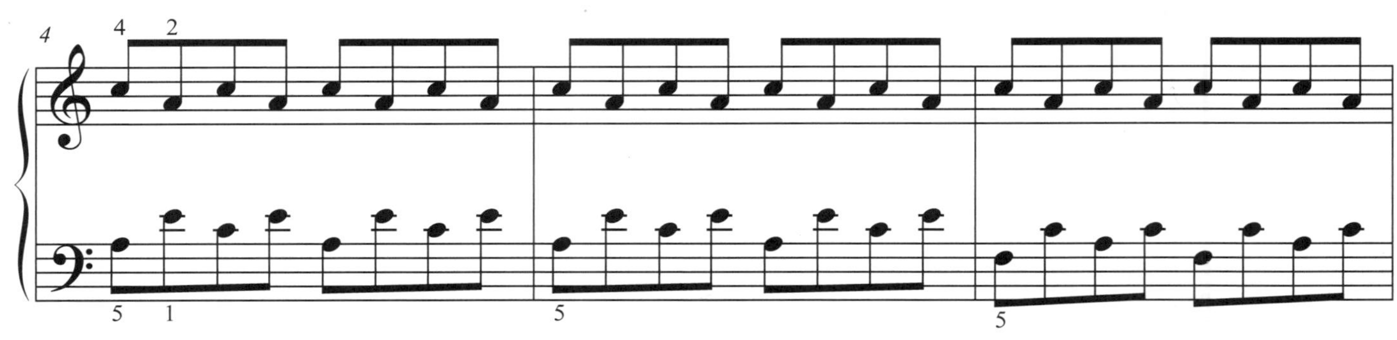

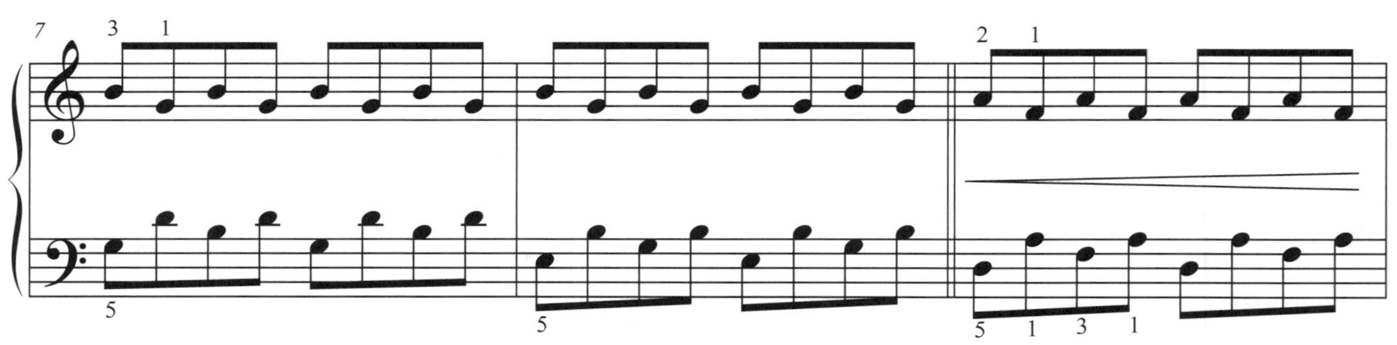

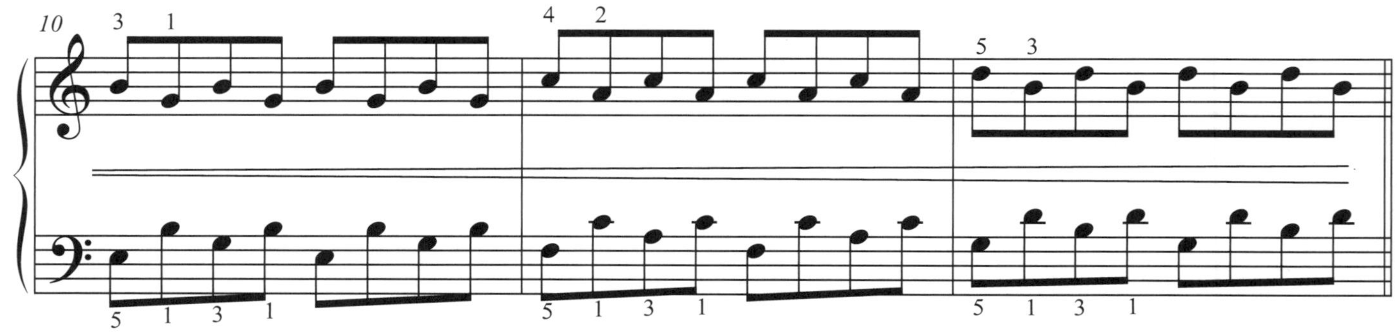

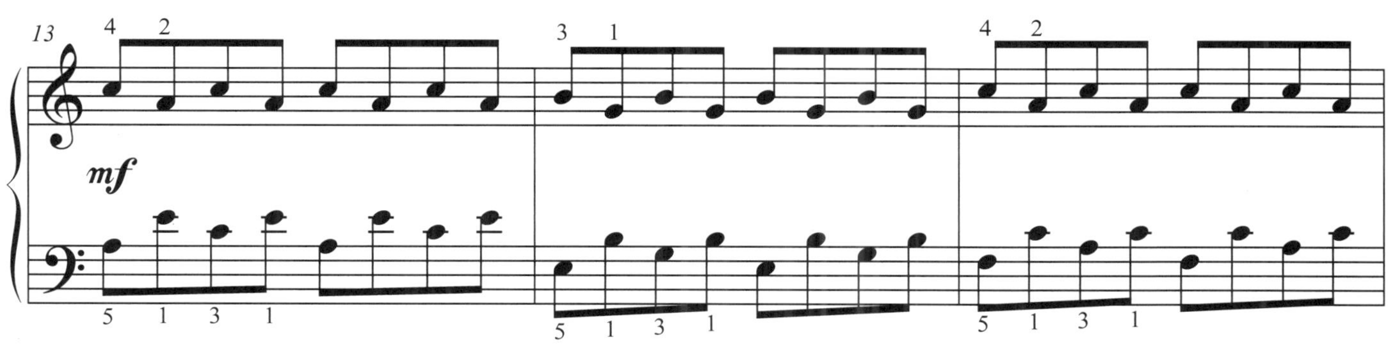
13
4 2
3 1
4 2
mf
5 1 3 1
5 1 3 1
5 1 3 1

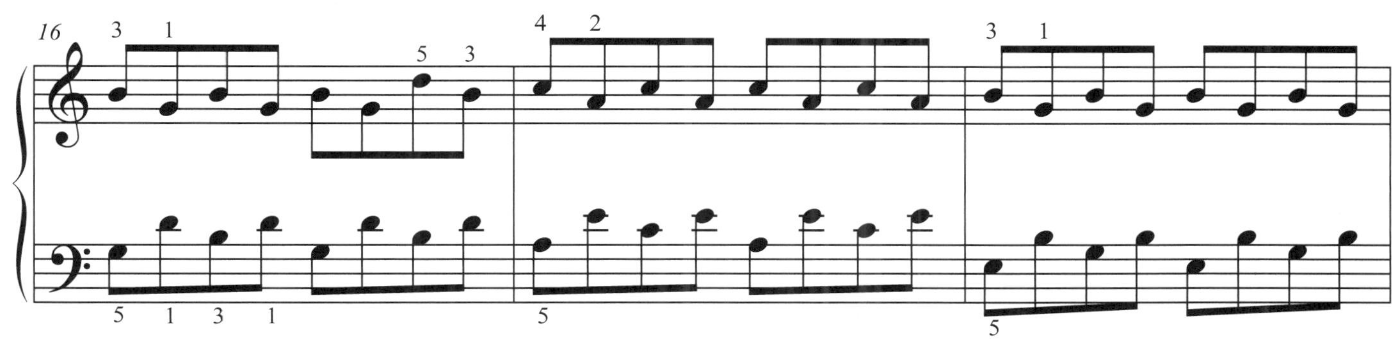
16
3 1
5 3
4 2
3 1
5 1 3 1
5
5

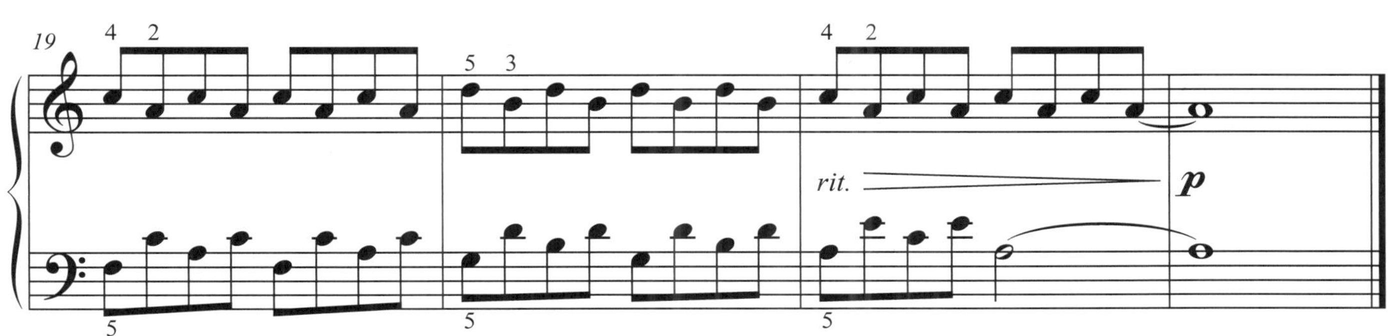
19
4 2
5 3
4 2
rit.
p
5
5
5

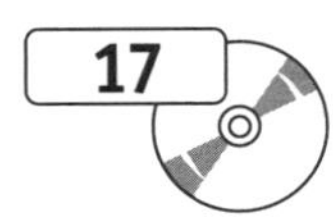

Die Reise

Die linke Hand spielt Arpeggien der Grundakkorde A-Moll, G-Dur, F-Dur und E-Dur. Der Akkord E-Dur hat als große Terz ein **gis**. In den Takten 8, 20 und 24 spielt auch die rechte Hand ein **gis'**.

E-Dur-Akkord

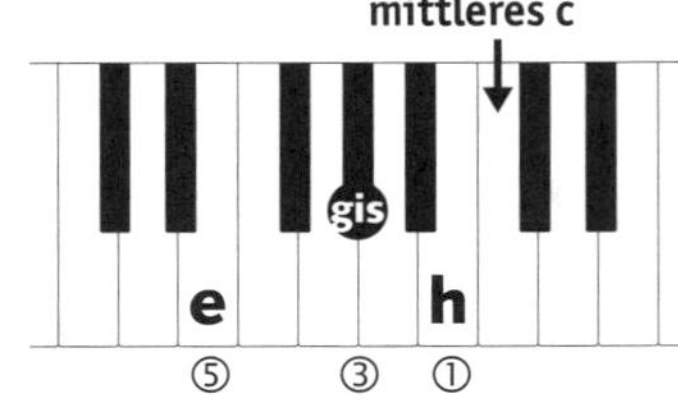

Jens Rupp

Allegro

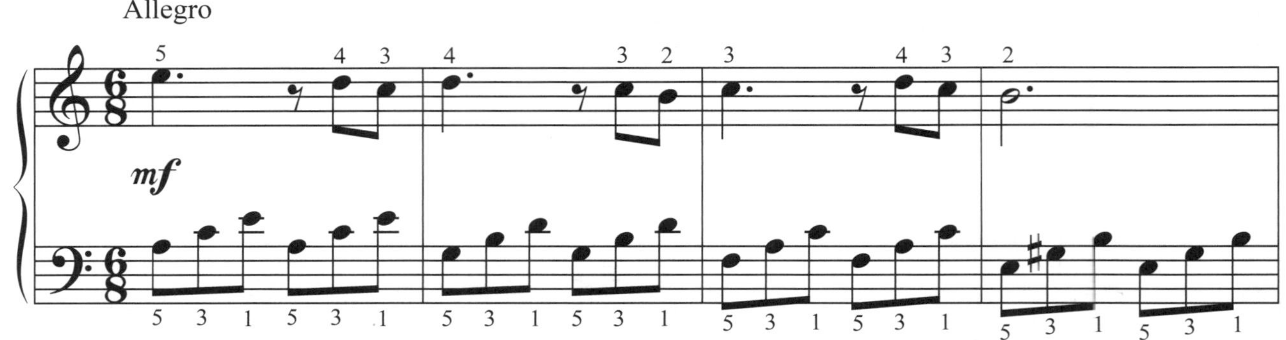

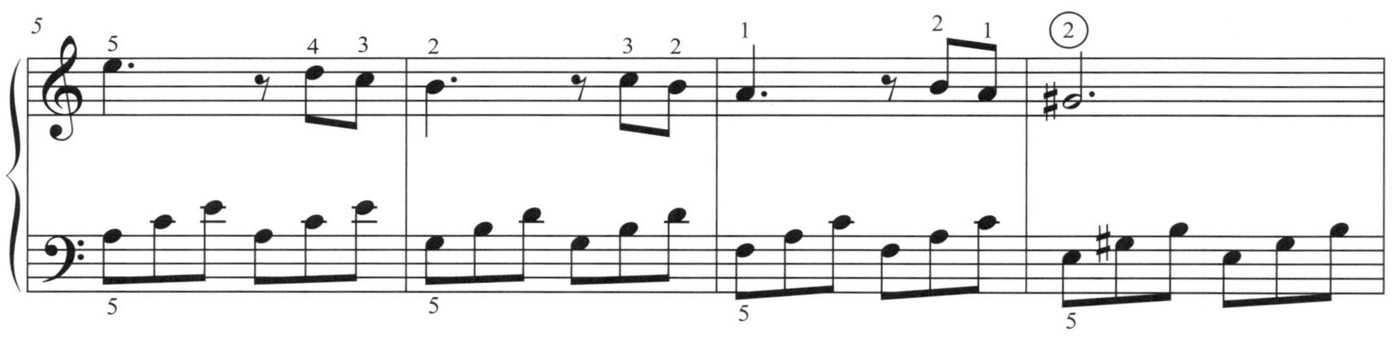

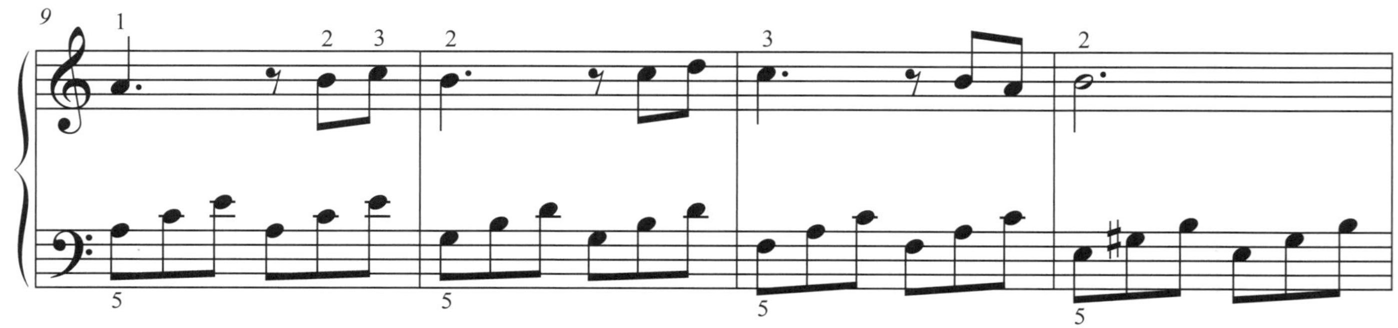

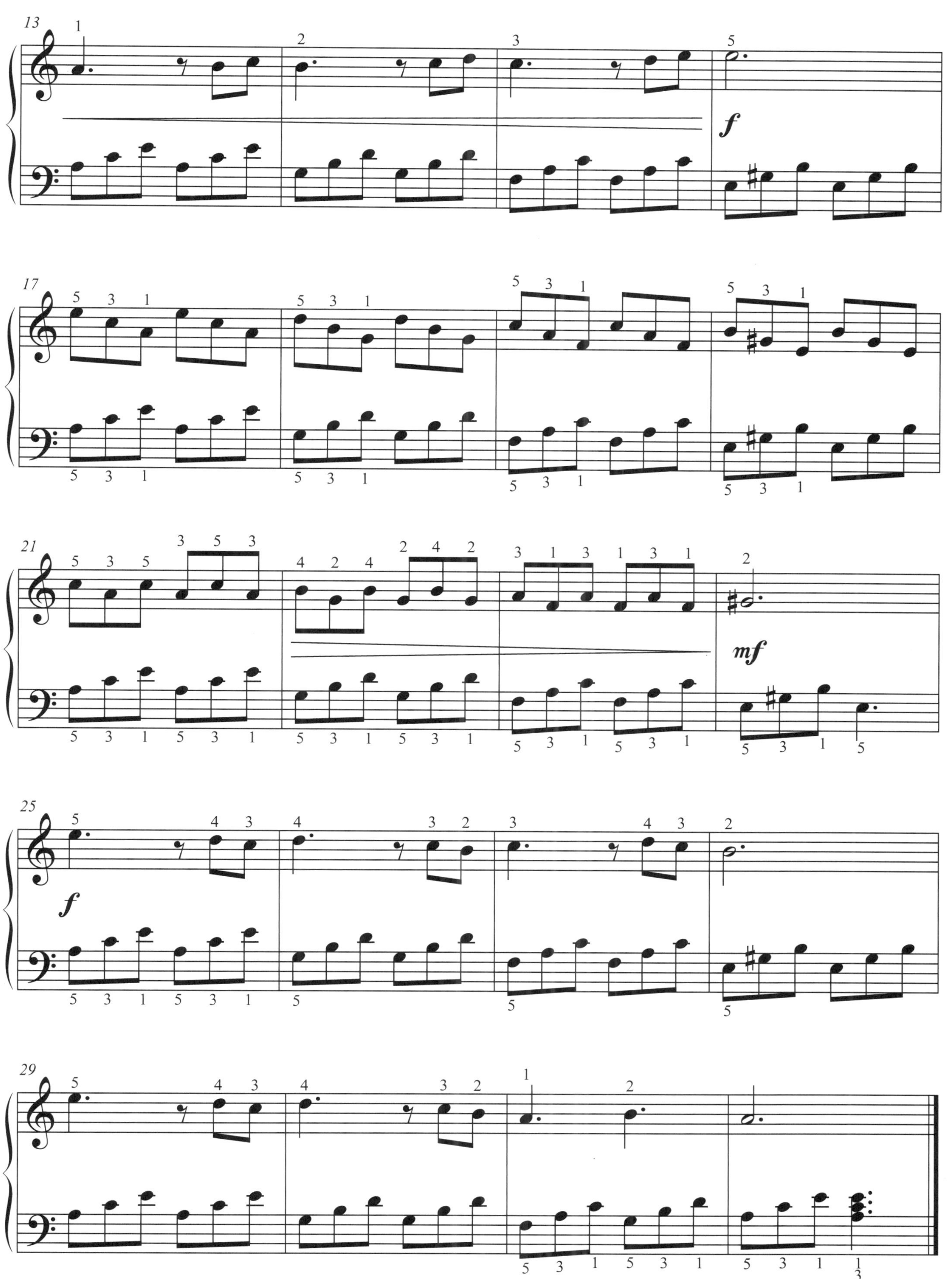

Der Mond ist aufgegangen

Das Lied ist in F-Dur geschrieben.
Übe die Zweiklänge und Akkorde gründlich mit jeder Hand einzeln, danach Takt für Takt zusammen.

Volkslied

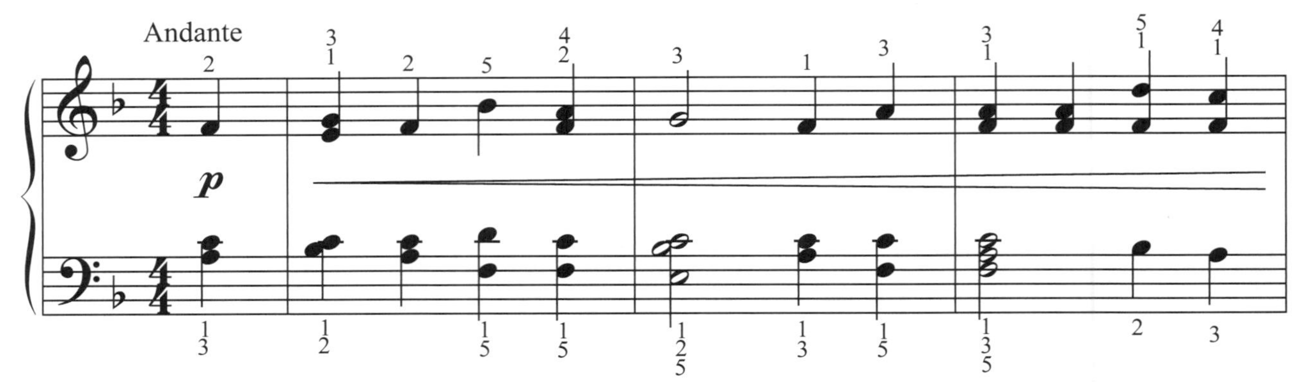

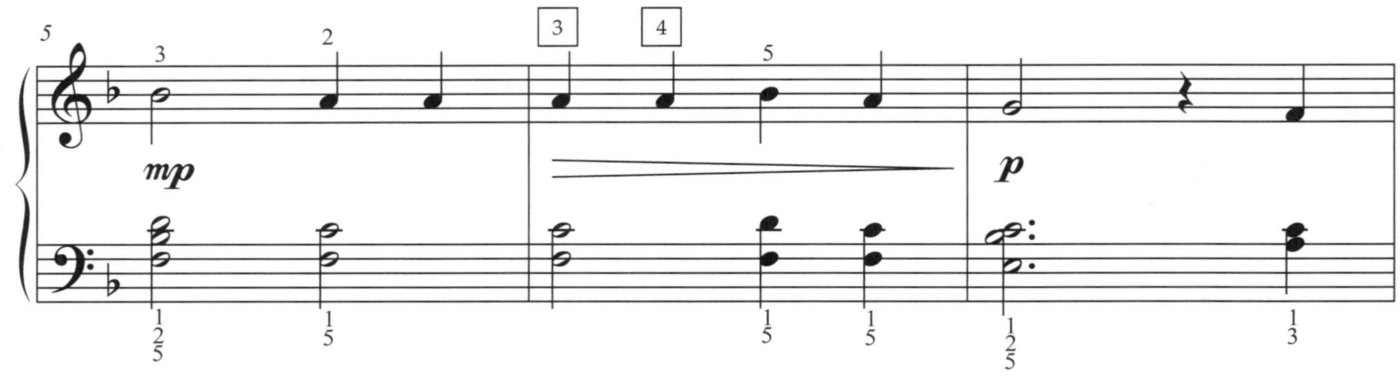

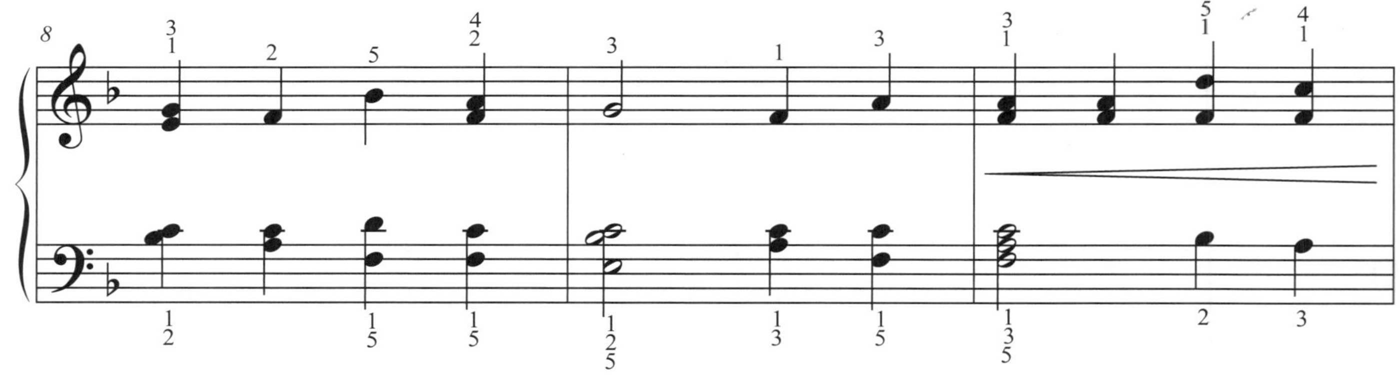

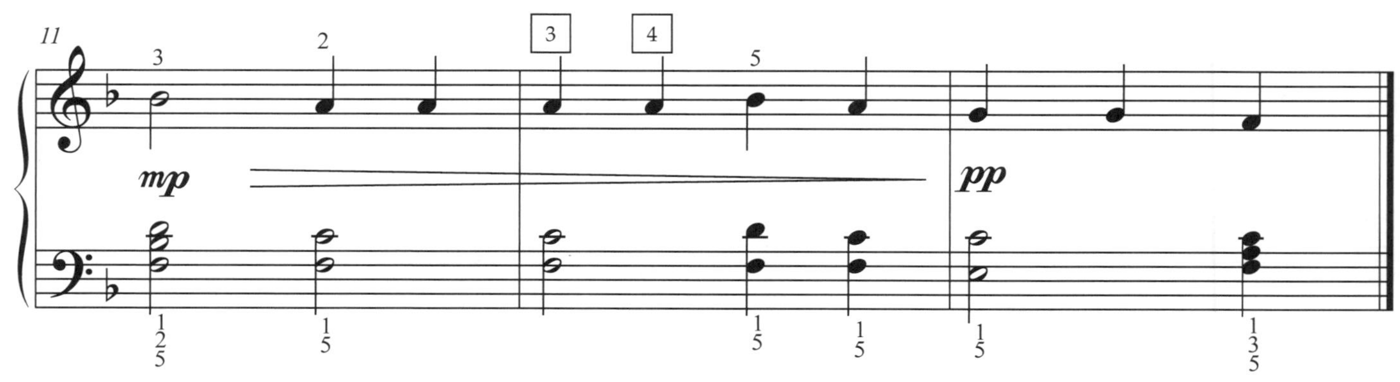

Party

Das Stück Party basiert auf einem 12-taktigen Bluesschema.

Jens Rupp

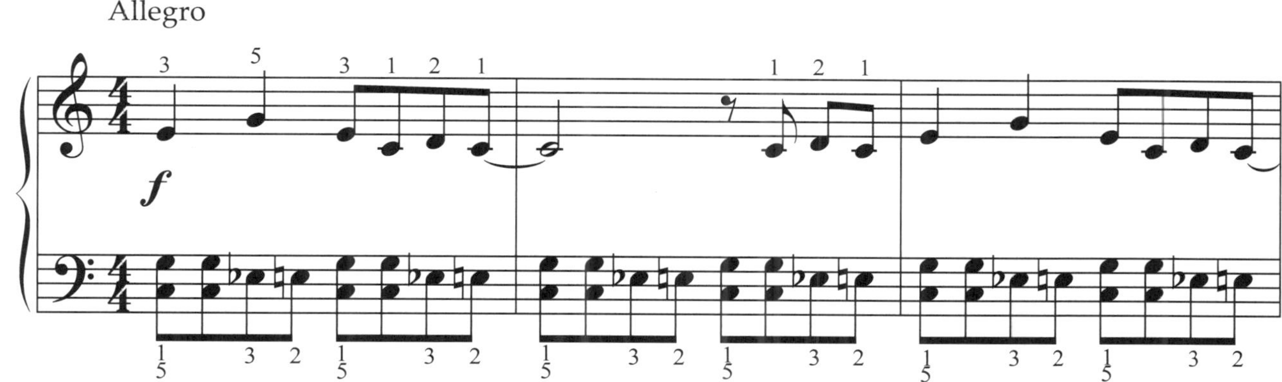

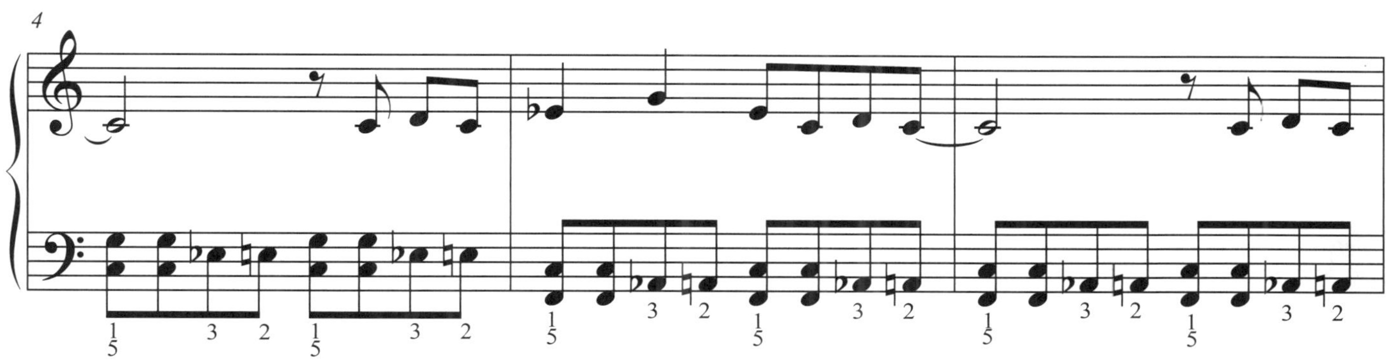

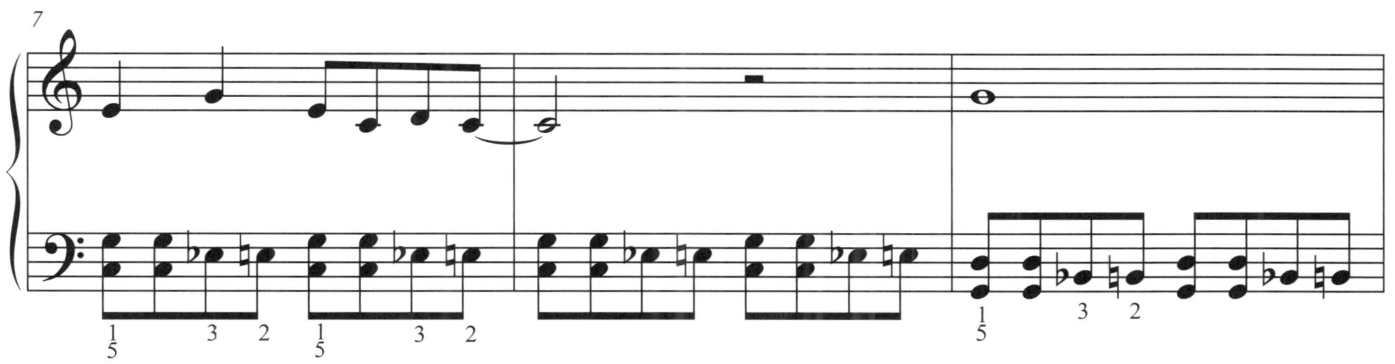

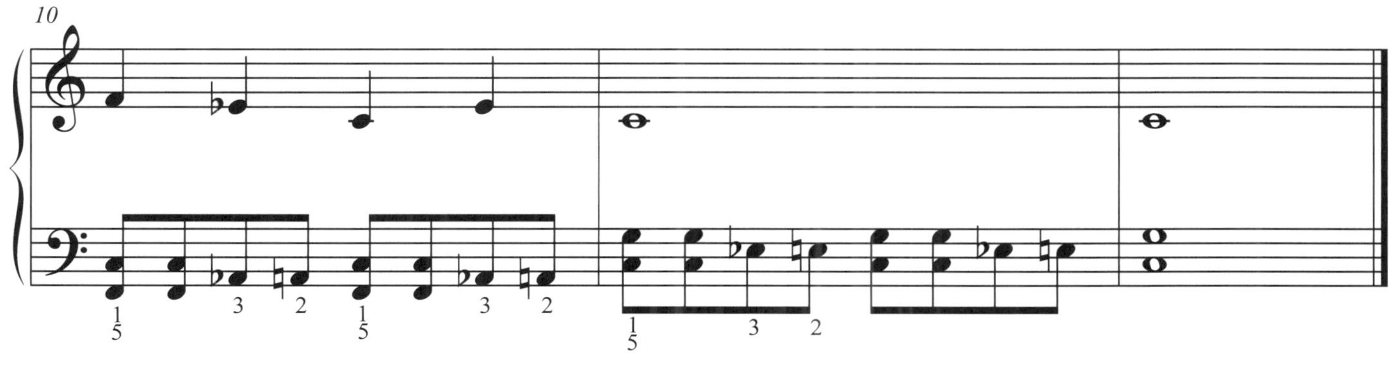

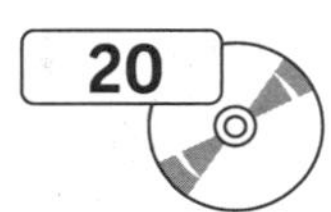

Komm lieber Mai

Das Lied von W. A. Mozart wird im 6/8-Takt und der Tonart C-Dur gespielt.

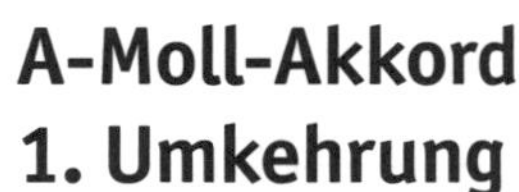

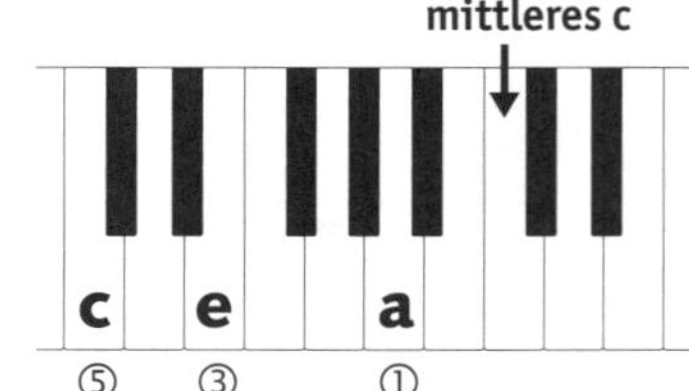

W. A. Mozart

Moderato

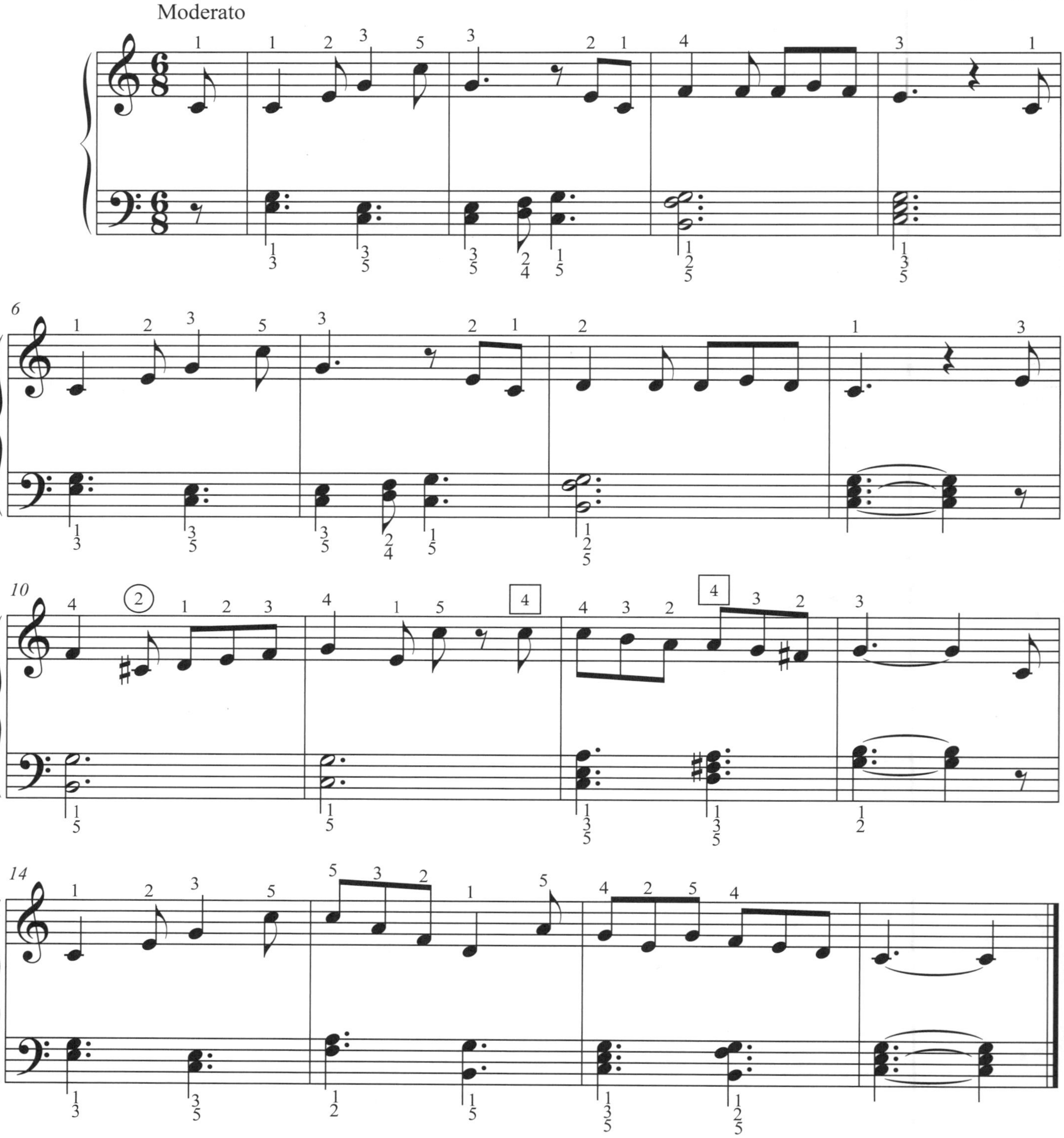

Menuett in G-Dur

Dies ist der leichtere, erste Teil des berühmten Menuetts von J. S. Bach. Achte auf das **fis**!

J. S. Bach

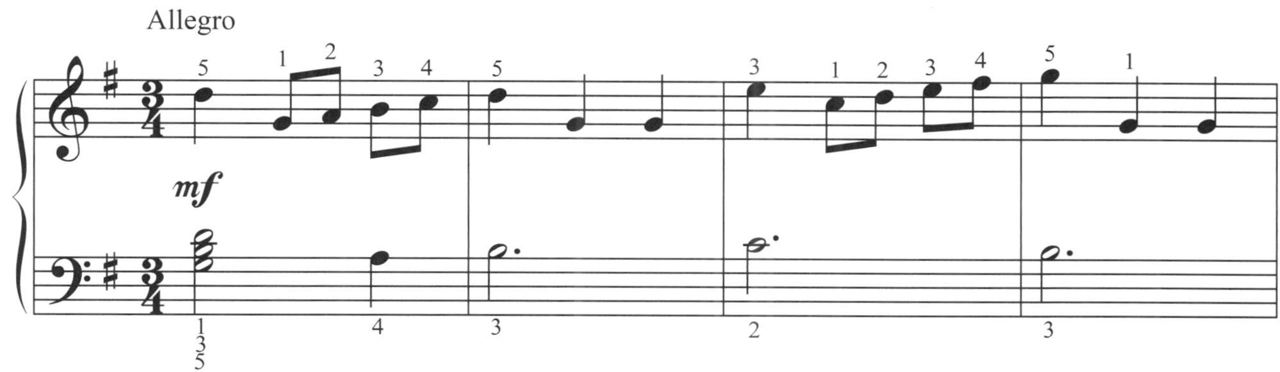

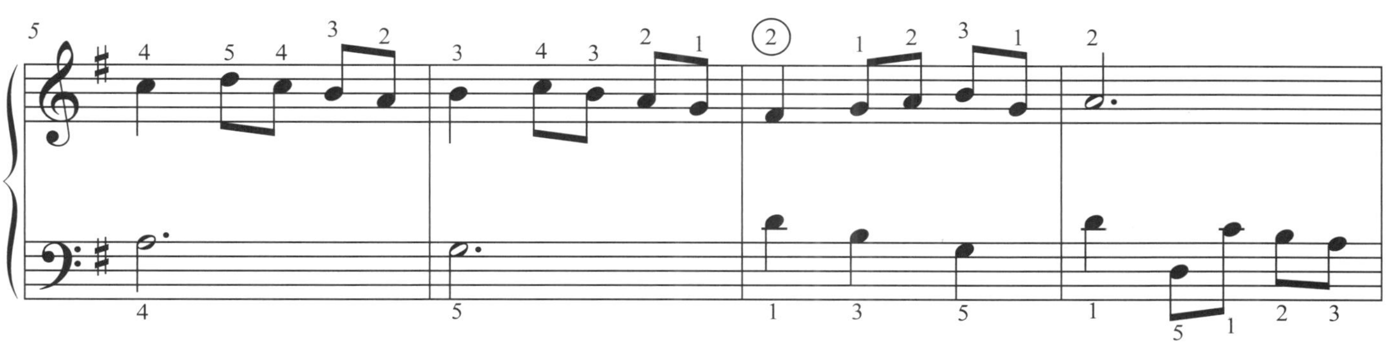

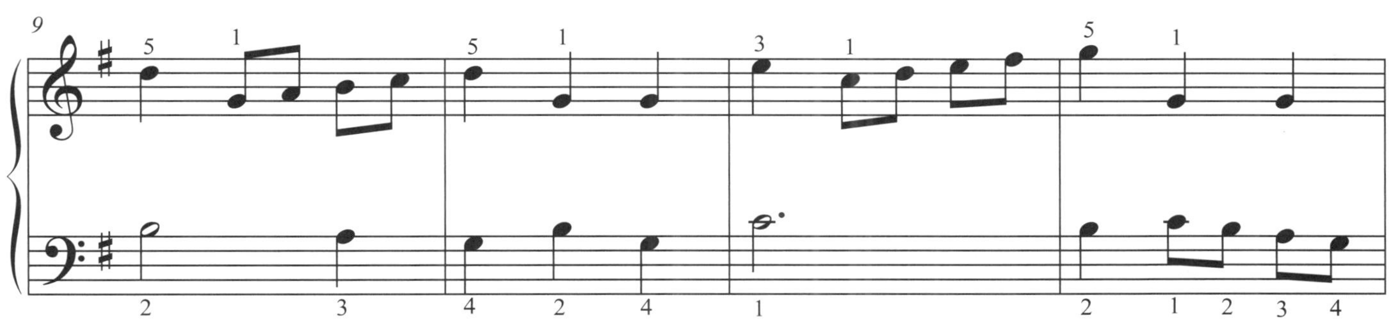

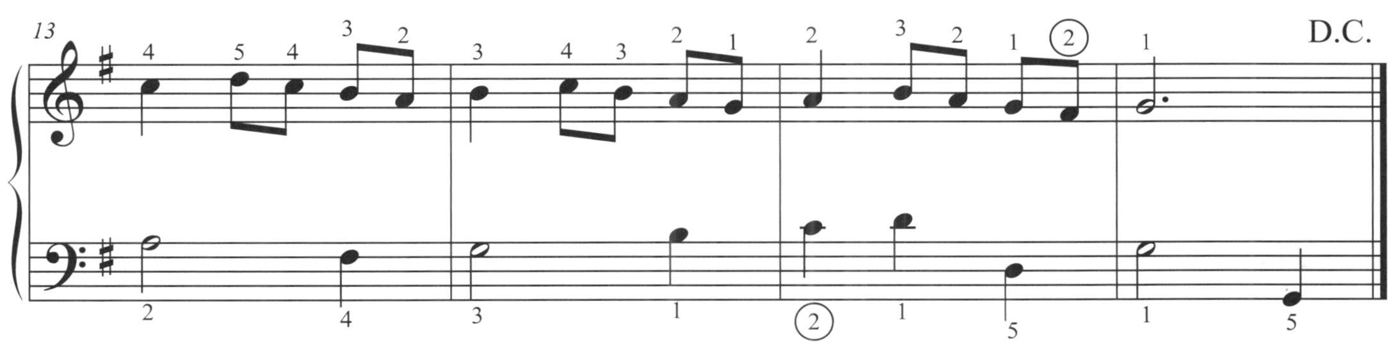

Die Moldau

Dieses berühmte Stück ist in der Tonart A-Moll und im 6/8-Takt notiert. Die linke Hand spielt Arpeggien der Grundakkorde A-Moll, F-Dur, C-Dur, D-Moll, A-Moll in der 2. Umkehrung und den Grundakkord E-Dur.
Im weiteren Verlauf kommt eine kleine Terz mit den Tönen **dis** und **fis** vor.

A-Moll-Akkord
2. Umkehrung

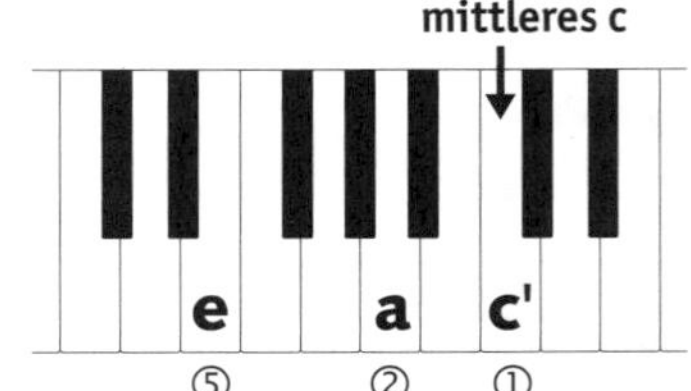

F. Smetana

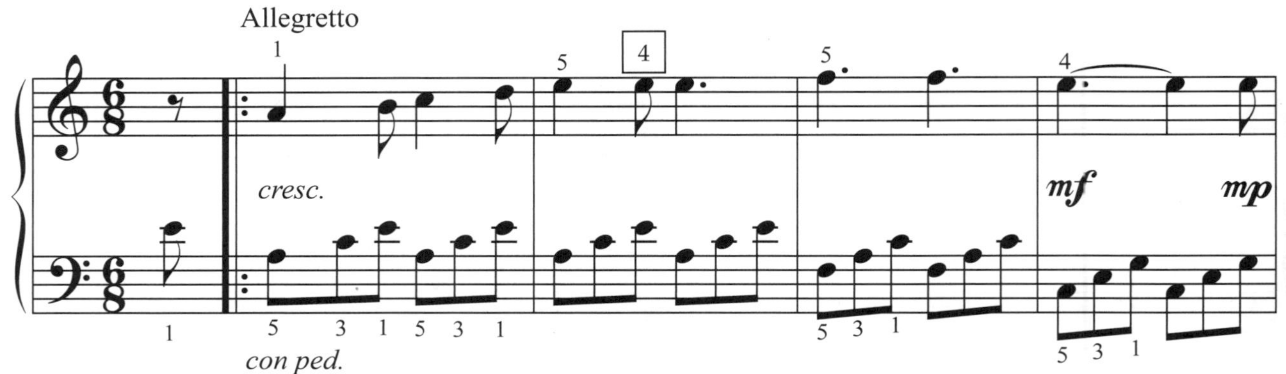

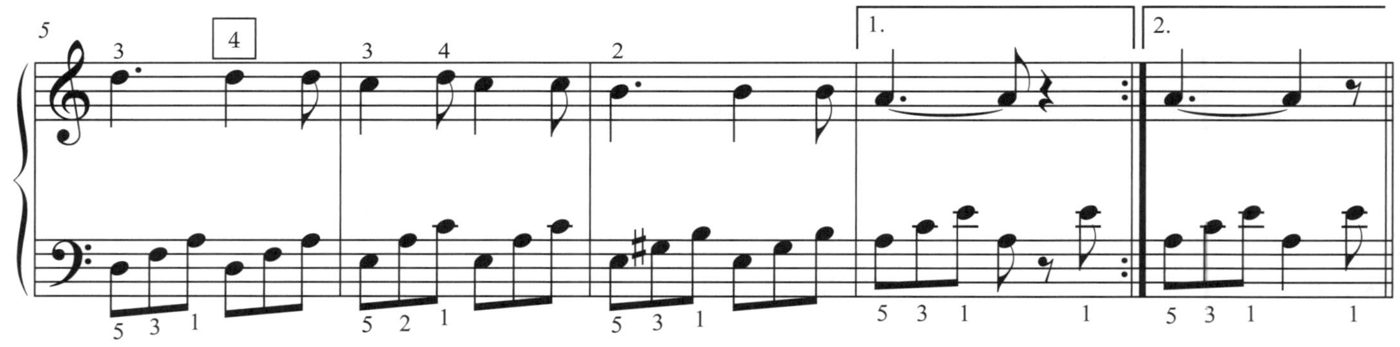

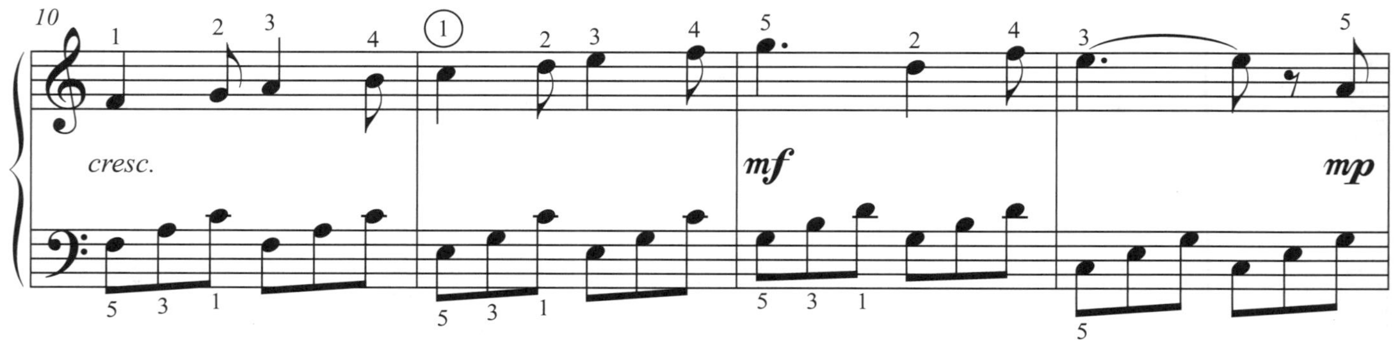

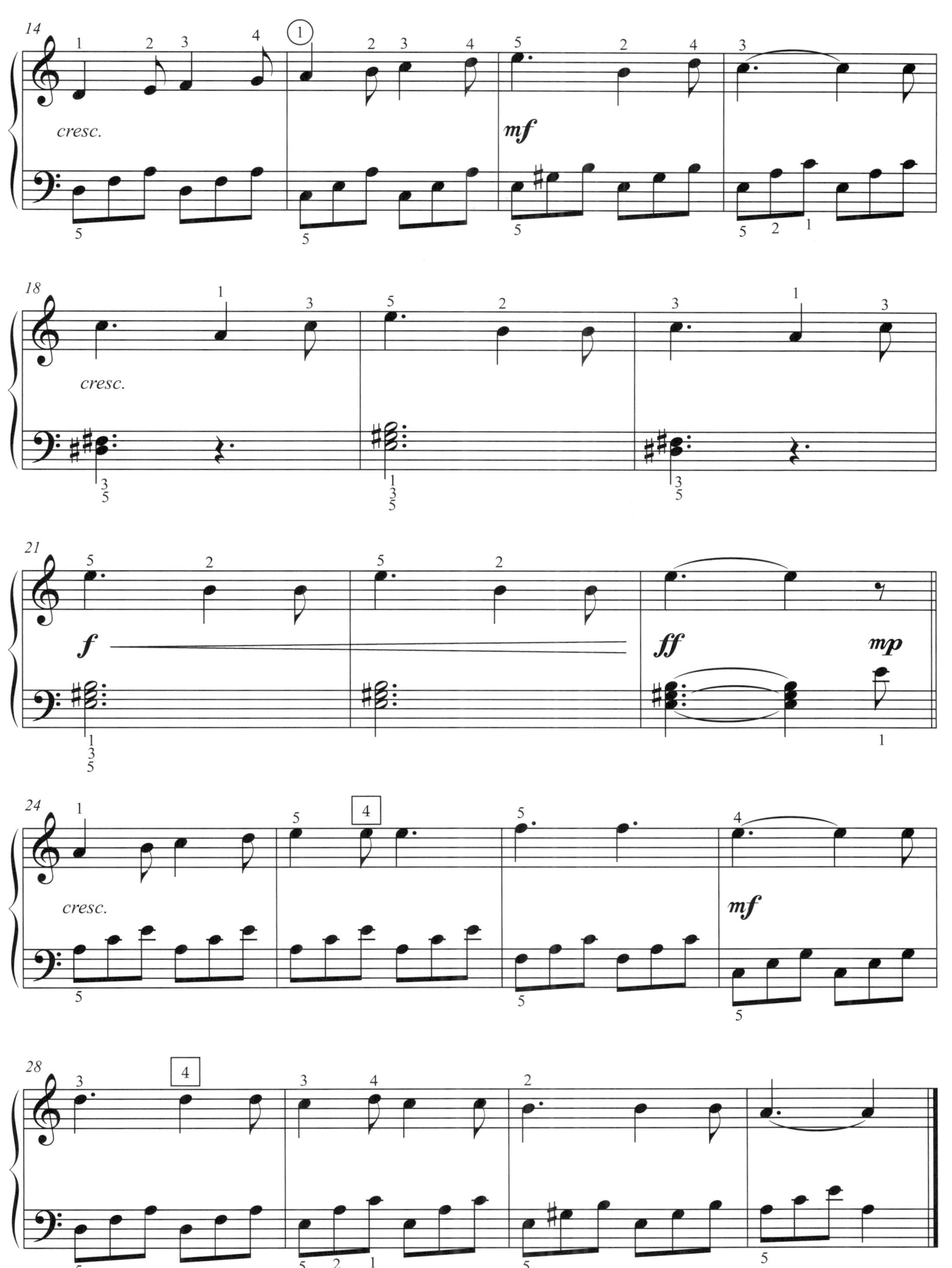
cresc.
mf
cresc.
f
ff
mp
cresc.
mf

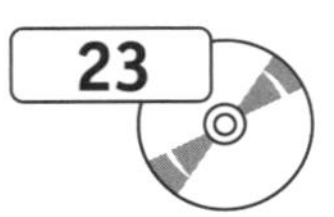

Morgen kommt der Weihnachtsmann

In diesem Weihnachtslied werden mit der linken Hand die Akkorde C-Dur, F-Dur und G7 gespielt.
Achte auf die Fingerwechsel auf gleicher Taste!

Traditional

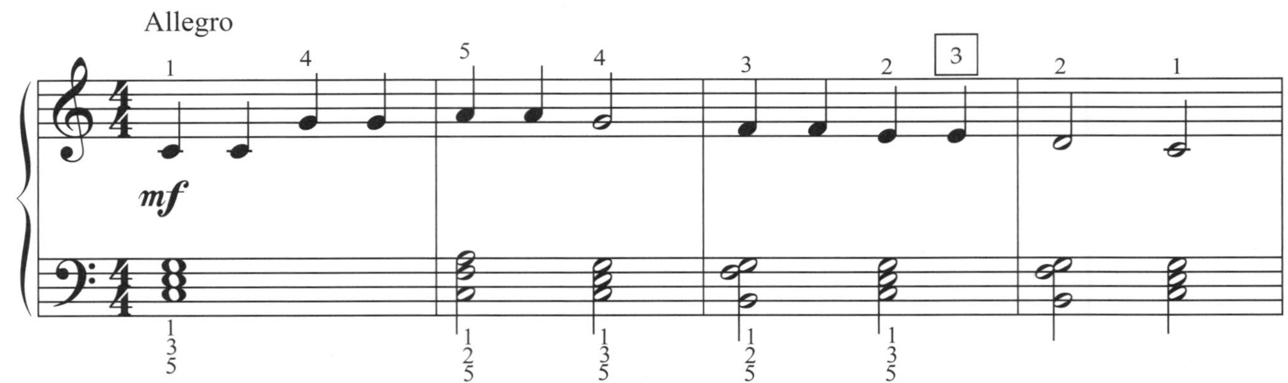

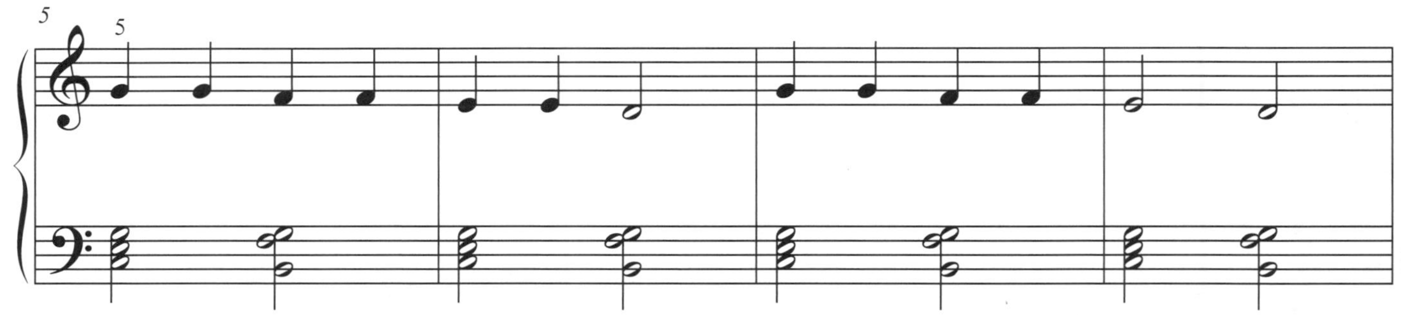

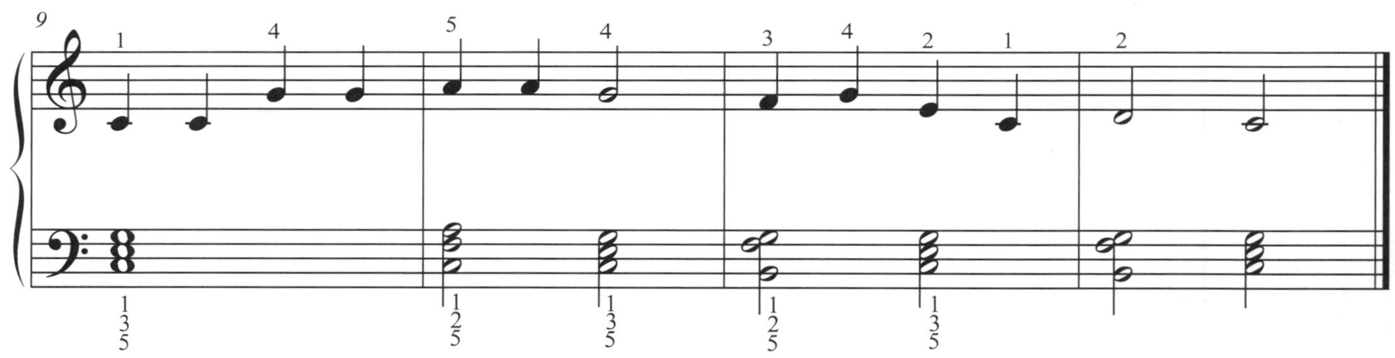

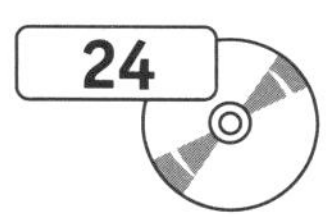

Schneeflöckchen, Weißröckchen

In dieser Melodie werden alle Töne der C-Dur Tonleiter von **c'** bis **c"** gespielt.

Traditional

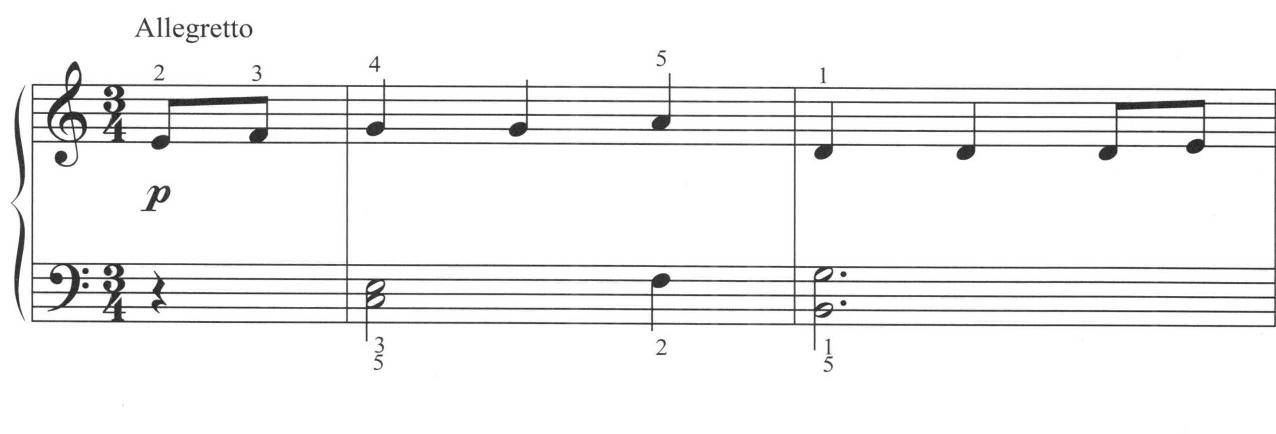

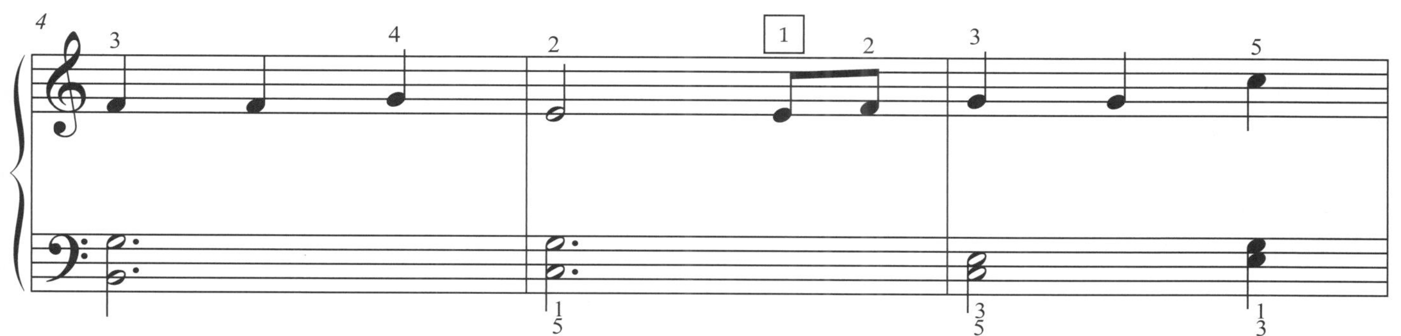

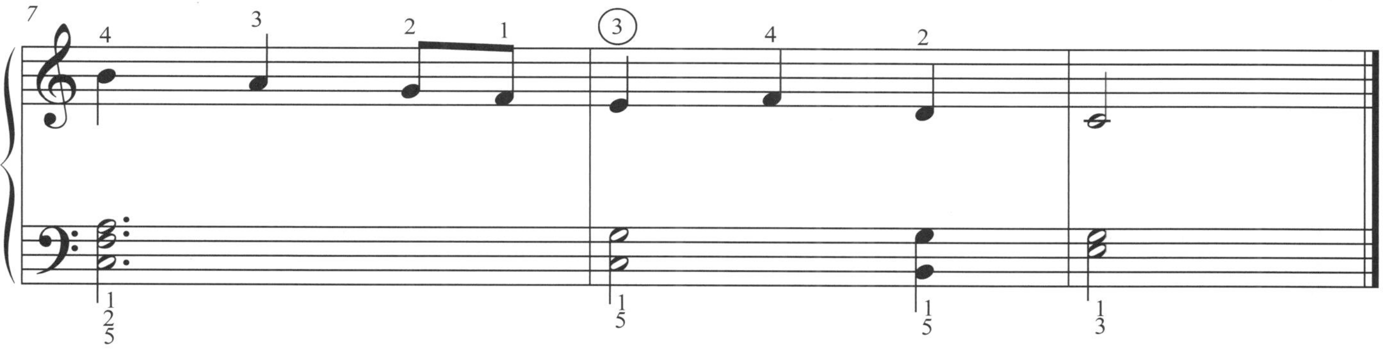

Weitere Notenausgaben für Klavier & Keyboard von artist ahead

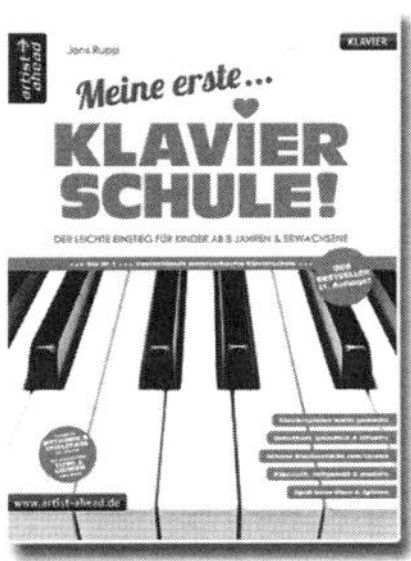

MEINE ERSTE KLAVIERSCHULE!
Der leichte Einstieg für Kinder ab 8 Jahren & Erwachsene
A4-Buch inkl. QR-Codes + Audio-Download
120 Seiten, Jens Rupp
ISBN 978-3-86642-103-5

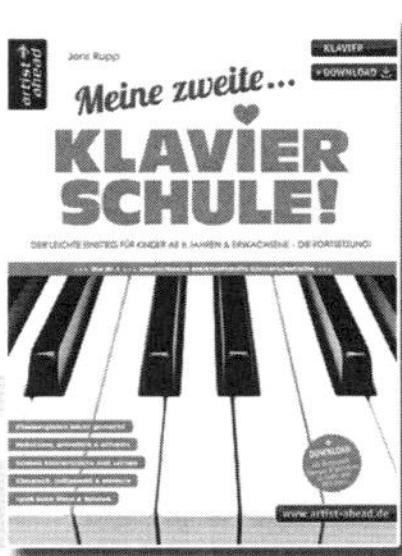

MEINE ZWEITE KLAVIERSCHULE!
Der leichte Einstieg für Kinder ab 8 Jahren & Erwachsene – die Fortsetzung!
A4-Buch inkl. QR-Codes + Audio-Download
72 Seiten, Jens Rupp
ISBN 978-3-86642-110-3

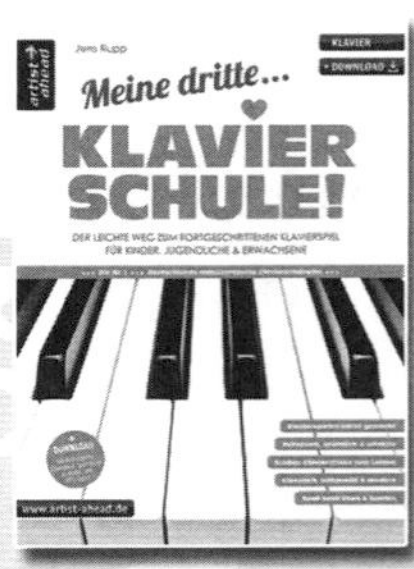

MEINE DRITTE KLAVIERSCHULE!
Der leichte Weg zum fortgeschrittenen Klavierspiel
A4-Buch inkl. QR-Codes + Audio-Download
72 Seiten, Jens Rupp
ISBN 978-3-86642-133-2

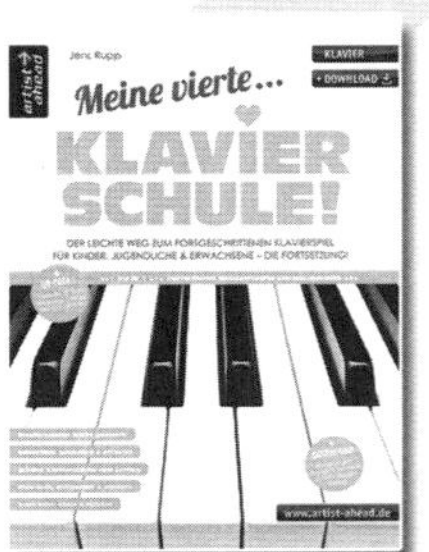

MEINE VIERTE KLAVIERSCHULE
Der leichte Weg zum fortgeschrittenen Klavierspiel für Kinder & Erwachsene – die Fortsetzung!
A4-Buch inkl. QR-Codes + Audio-Downlaod
72 Seiten, Jens Rupp
ISBN 978-3-86642-169-1

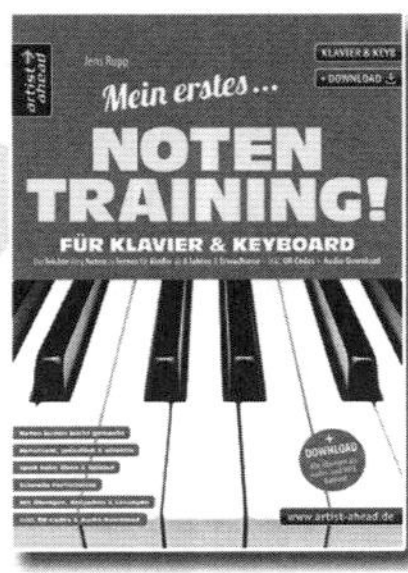

MEIN ERSTES NOTENTRAINING!
Der leichte Weg Noten zu lernen
Für Kinder ab 8 Jahren & Erwachsene
A4-Buch inkl. QR-Codes + Audio-Download
44 Seiten, Jens Rupp
ISBN 978-3-86642-142-4

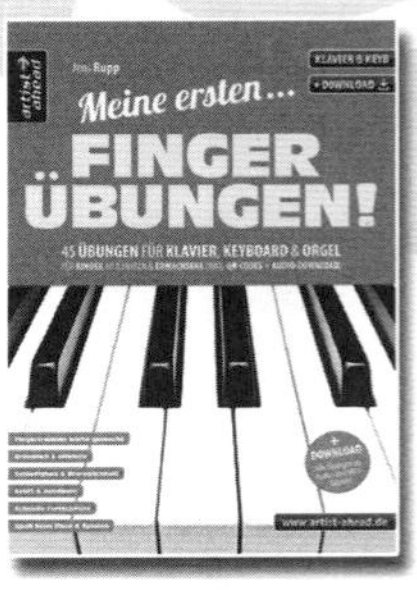

MEINE ERSTEN FINGERÜBUNGEN!
46 Übungen für Klavier, Keyboard & Orgel
Für Kinder ab 8 Jahren & Erwachsene
A4-Buch inkl. QR-Codes + Audio-Download
32 Seiten, Jens Rupp
ISBN 978-3-86642-109-7

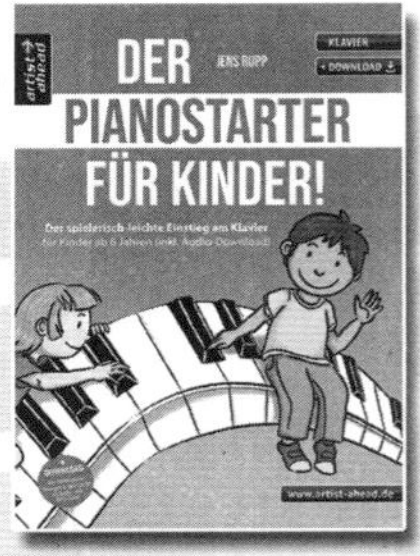

DER PIANOSTARTER FÜR KINDER!
Der spielerisch-leichte Einstieg am Klavier
Die neue Klavierschule für Kinder ab 6 Jahren!
A4-Buch inkl. QR-Codes + Audio-Download
60 Seiten, Jens Rupp
ISBN 978-3-86642-195-0

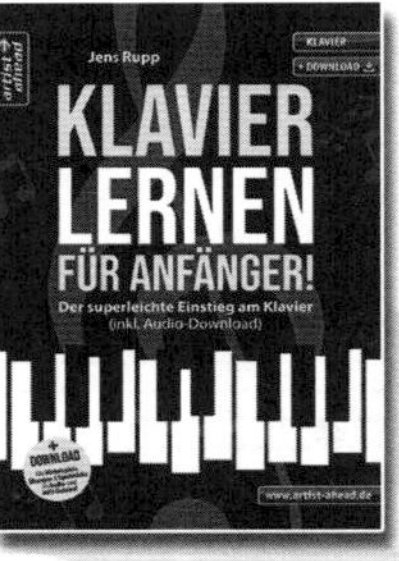

KLAVIER LERNEN FÜR ANFÄNGER!
Der superleichte Einstieg am Klavier für erwachsene Anfänger & Wiedereinsteiger
A4-Buch inkl. QR-Codes + Audio-Download
72 Seiten, Jens Rupp
ISBN 978-3-86642-200-1

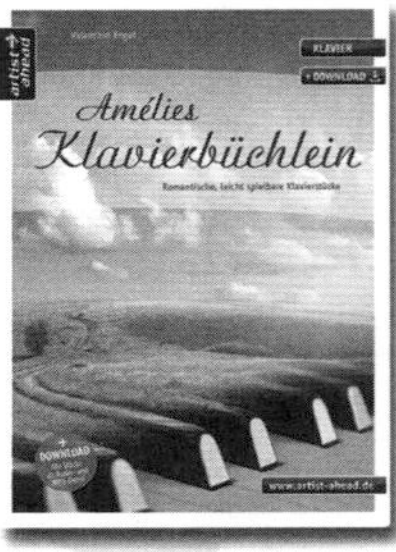

AMÉLIES KLAVIERBÜCHLEIN
Romantische, leicht spielbare Klavierstücke im Stil von Einaudi, Tiersen, Glass & Yiruma
A4-Buch inkl. QR-Codes + Audio-Download
56 Seiten, Valenthin Engel
ISBN 978-3-86642-043-3

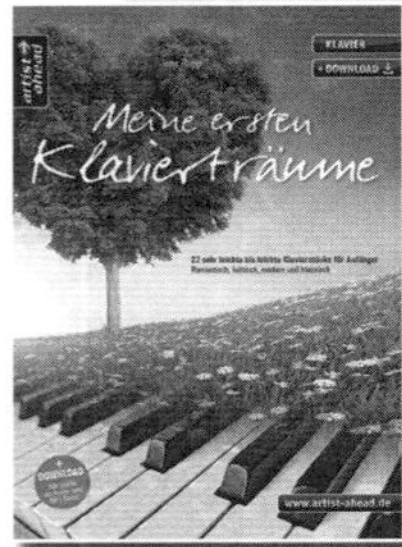

MEINE ERSTEN KLAVIERTRÄUME
22 sehr leichte bis leichte Spielstücke für Anfänger
Romantisch, keltisch, modern & klassisch
A4-Buch inkl. QR-Codes + Audio-Download
48 Seiten, Jens Rupp
ISBN 978-3-86642-170-7

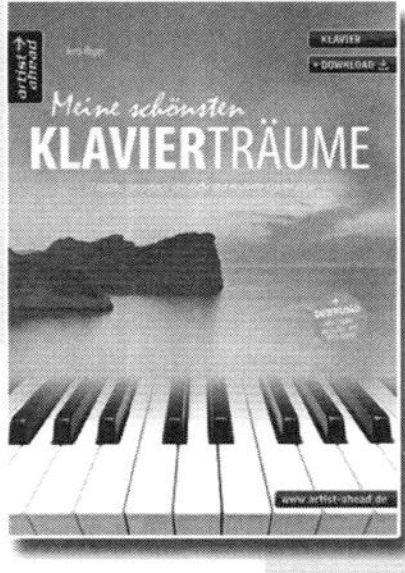

MEINE SCHÖNSTEN KLAVIERTRÄUME
27 leichte, romantisch-klassische und moderne Klavierstücke
A4-Buch inkl. QR-Codes + Audio-Download
60 Seiten, Jens Rupp
ISBN 978-3-86642-105-9

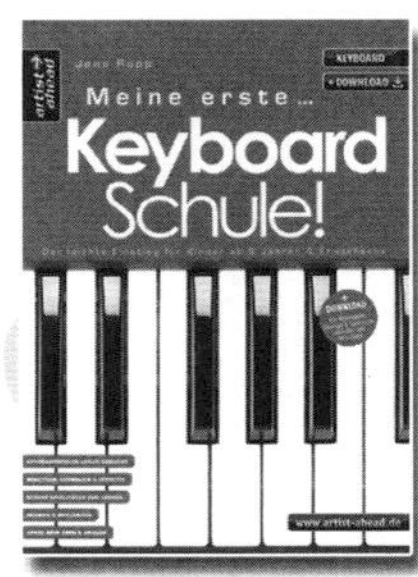

MEINE ERSTE KEYBOARDSCHULE!
Der leichte Einstieg für Kinder ab 6 Jahren & Erwachsene
A4-Buch inkl. QR-Codes + Audio-Download
68 Seiten, Jens Rupp
ISBN 978-3-86642-116-5

Erhältlich unter **www.artist-ahead.de** oder bei Ihrem gut sortierten Fachhändler.

artist ahead GmbH | Wiesenstr. 2-6 | 69190 Walldorf | T +49 (0)6227 603 903 | info@artist-ahead.de | www.artist-ahead.de | www.artist-ahead-download.de